GERMAN BUSINESS SITUATIONS

In the same series

*French Business Situations**
Stuart Williams and Nathalie McAndrew-Cazorla

*Italian Business Situations**
Vincent Edwards and Gianfranca Gessa Shepheard

*Spanish Business Situations**
Michael Gorman and María-Luisa Henson

Manual of Business French
Stuart Williams and Nathalie McAndrew-Cazorla

Manual of Business German
Paul Hartley and Gertrud Robins

Manual of Business Italian
Vincent Edwards and Gianfranca Gessa Shepheard

Manual of Business Spanish
Michael Gorman and María-Luisa Henson

*Accompanying cassettes available

GERMAN BUSINESS SITUATIONS

A spoken language guide

Paul Hartley
and
Gertrud Robins

London and New York

Paul Hartley is Dean of the School of International Studies and Law at Coventry University.

Gertrud Robins is Lecturer in German at the East Warwickshire College, Rugby.

In the preparation of this handbook every effort was made to avoid the use of actual company names or trade names. If any has been used inadvertently, the publishers will change it in any future reprint if they are notified.

First published 1995
by Routledge
11 New Fetter Lane, London EC4P 4EE

Simultaneously published in the USA and Canada
by Routledge
29 West 35th Street, New York, NY 10001

© Paul Hartley and Gertrud Robins 1995

Typeset in Rockwell and Univers by Solidus (Bristol) Limited
Printed and bound in Great Britain by TJ Press (Padstow) Ltd, Cornwall

British Library Cataloguing in Publication Data
A catalogue record for this book is available from the British Library

Library of Congress Cataloguing in Publication Data
A catalogue record for this book has been requested

ISBN 0–415–12844–7 (pbk)
ISBN 0–415–12845–5 (pack)

Contents

How to use this book

The spoken situations which follow are intended to cover a wide range of business interactions, from the brief and informal through to the more formal and prolonged exchange typical of the negotiating or interview situation. The user is encouraged not simply to read the situations together with their parallel English version, but to attempt, individually or in group work, with the help of the recording if applicable, the following exploitation exercises:

- using the original situations as models, construct dialogues on similar lines with the available vocabulary
- use the situations, or sections of them, as the basis for role-play exercises
- interpreting practice German/English, English/German
- practice in oral summary (i.e. listen to the recorded German version, and then summarize the content, in English or in German)
- oral paraphrase: listen to one version, then recount it using different expressions, but attempting to keep the same meaning
- transcription/dictation practice from the recording
- translation practice German/English, English/German

The material in the situations is intended as a basis for further expansion and exploitation, and is ideal for use in in-house training programmes, or in open learning centres, as well as for individual use.

Please note that English typesetting conventions have been followed throughout this book.

Teil I
Section I

Am Telefon
On the telephone

1 Making an enquiry

(a) Can I visit?

Maureen Simmons	Good morning. Robinson's Motors.
Mr Lewis	Hello, my name is Lewis. I've just seen your advert for the Riva 25s available on fleet terms. We've been looking for half a dozen vehicles at the right price for a while and your offer interests us.
Maureen Simmons	Fine. Would you like me to send you more information?
Mr Lewis	No, thanks. I'd rather come down to your salesroom this afternoon with a colleague to discuss the matter with you.
Maureen Simmons	No problem, sir. My name is Maureen Simmons and I'll be available from 2.30. Can you give me your name again and your company, please?
Mr Lewis	Of course. It's Alan Lewis, from Stafford Electronics. I know where you are, so we'll be there for 2.30.
Maureen Simmons	Thanks, see you later.

(b) Sales enquiry

Telephonist	Preece and Pritchard. Good morning.
Mr Colman	Good morning. Could you put me through to Sales?
Telephonist	Certainly. Just a moment.
Assistant	Sales, good morning. Can I help you?
Mr Colman	My name is James Colman, from Goodright Inc. Can you tell me if you sell water pumps?
Assistant	Yes, we do. Industrial and domestic.
Mr Colman	Can you send me a copy of your catalog and price list?
Assistant	Certainly, just give me your address. We'll get it off to you later today.

1 Anfrage

(a) Vereinbarung eines Besuchs

Maria Simmern	Fahrzeughandel Robert. Guten Tag.[1]
Herr Lüders	Guten Tag. Mein Name ist Lüders. Ich sehe da gerade Ihre Anzeige, in der Sie den Riva 25s zum Sonderpreis als Firmenwagen anbieten. Wir halten schon längere Zeit Ausschau nach einem geeigneten Angebot für sechs Autos und Ihre Preise scheinen zu stimmen.
Maria Simmern	Gut. Möchten Sie weitere Informationen[2] erhalten?
Herr Lüders	Danke, nein. Aber ich würde gern selbst mit einem Geschäftskollegen zu Ihnen in Ihr Verkaufsbüro kommen und die Angelegenheit besprechen.
Maria Simmern	Das geht ohne weiteres. Mein Name ist Simmern und ich wäre ab halb drei frei. Darf ich Ihren Namen und den Namen Ihrer Firma nochmal haben?
Herr Lüders	Sicher. Mein Name ist Lüders von der Firma Jensen Elektronik. Also bis halb drei – wir wissen, wo Ihre Firma ist.
Maria Simmern	Gut, also bis später.

1 This is a typical 'opening': the name of the company, followed by the greeting.
2 Note the use of the plural 'Informationen'.

(b) Anfrage

Telefonist	Preece and Pritchard. Good Morning.
Herr Koller	Guten Tag. Bitte verbinden Sie mich mit der Verkaufsabteilung.
Telefonist	Einen Moment bitte.
Verkaüfer	Verkaufsabteilung. Guten Tag.
Herr Koller	Mein Name ist Koller von der Firma Ruprecht GmbH in Köln. Ich möchte anfragen, ob Sie Wasserpumpen verkaufen.
Verkaüfer	Ja, wir haben Wasserpumpen für Industrie und Haushalt zum Verkauf.
Herr Koller	Könnten Sie mir Ihren Katalog und Ihre Preisliste zukommen lassen?[1]
Verkaüfer	Ja, gerne. Ich brauche nur Ihre Adresse und wir senden Ihnen alles heute nachmittag.

1 Alternatives: *schicken* or *senden*.

2 Ordering

(a) Placing an order

Tracy	DIY Stores, Tracy speaking. How can I help you?
Customer	I should like to order some plywood please.
Tracy	Certainly, sir, putting you through.
Wood department	Wood department.
Customer	I would like to order quite a large quantity of plywood.
Wood department	Certainly, sir. Do you know what quality or can you tell me what it is for?
Customer	The purpose is to make shelving and the quality should be good enough to hold books.
Wood department	Right, then I would suggest three-ply 1½ cm thickness. How many metres do you want to order?
Customer	I need 150 metres. Is there a discount for quantity?
Wood department	There are progressive discounts from 50 metres.
Customer	Very good. I will give you my address and you can tell me when your earliest delivery date is and what invoicing procedure you operate.

(b) Changing an order

Dave Brown	Please put me through to Steve Jones in Sales. . . . Hello, Steve. Dave here. I've had a think about what you suggested yesterday regarding the photocopier we ordered. We've decided to change our order from the CF202 to the FC302. I think that will meet our requirements better. Shall I send you a new order?
Steve Jones	That would be a good idea. Please send it with a note cancelling the initial order.
Dave Brown	Thanks Steve. Bye.

2 Bestellung

(a) Auftragserteilung

Tina	Bauhof. Guten Tag, kann ich Ihnen helfen?
Kunde	Ich möchte Sperrholz bestellen, bitte.
Tina	Augenblick. Ich verbinde.
Holzabteilung	Holzabteilung.
Kunde	Ich möchte gerne eine größere[1] Menge Sperrholz bestellen.
Holzabteilung	Gerne. Wissen Sie die Qualität oder können Sie mir sagen, wofür Sie das Sperrholz brauchen?
Kunde	Ich möchte Regale bauen und das Holz sollte fest genug für Bücher sein.
Holzabteilung	Ja, dann würde ich in diesem Fall dreischichtiges Sperrholz mit einer Dicke von 1,5 cm vorschlagen. Wieviele Meter möchten Sie bestellen?
Kunde	Ich brauche 150m. Geben Sie Mengenrabatt?[2]
Holzabteilung	Rabatt gibt es ab 50m.
Kunde	Ausgezeichnet. Ich gebe Ihnen meine Adresse und Sie sagen mir, wann Sie frühestens liefern können und wie Ihre Rechnung beglichen werden kann.

1 The comparative of the adjective is used here to express 'quite' a large amount.
2 *Mengenrabatt* means 'discount' for large orders. cf. *Menge* above.

(b) Bestellungsänderung

Herr Braun	Bitte verbinden Sie mich mit Herrn Müller im Verkauf. . . . Guten Tag, Herr Müller. Hier Braun. Es ist wegen des Photokopiergeräts, das wir bestellt haben. Ich habe über Ihren gestrigen Vorschlag nachgedacht und wir haben beschlossen, unseren Auftrag zu ändern. Wir bestellen jetzt nicht das Modell CF202 sondern das Modell FC302. Ich glaube, das entspricht unseren Anforderungen besser.[1] Soll ich Ihnen einen neuen Auftrag schicken?
Herr Müller	Ja, das wäre besser. Und könnten Sie auch beiliegend den ursprünglichen Auftrag widerrufen?
Her Braun	Alles klar. Auf Wiederhören.

1 Note the use of the dative with *entsprechen*.

(c) Cancelling an order

Store manager	Hello, Sandhu's Wholesale.
Customer	Morning. It's Mr Wilson here, of Lomas Supermarket. I'm ever so sorry, but my brother has got our order wrong this week. Do you mind if we change it over the phone?
Store manager	No, as long as there's nothing perishable that we've had to order specially. Can you give me the order number?
Customer	Yes, it's SCC 231. We only put it in three days ago and it's all packaged catering goods. All we want to do is cancel the soft drinks and the cereals, and have instead another 15 large boxes of Mercury. Is that all right?
Store manager	I've found the order and the invoice. We can change that before you call tomorrow and I'll make you out another bill. Will you pay on the spot?
Customer	Yes, by cheque as usual. Thanks for your help. Goodbye.

(d) Confirming receipt of an order

Telephonist	Klapp and Weaver. Good morning.
Julie Little	Morning. Can I speak to Mr Preece, please?
Telephonist	Yes, putting you through now.
George Preece	Hello, Preece here.
Julie Little	Morning, Mr Preece. Julie Little here. I'm ringing to confirm receipt of our order number B/397/386.
George Preece	The radial tyres?
Julie Little	Yes, that's the one. They arrived today. You asked me to confirm receipt as soon as possible.
George Preece	Well, thanks for getting back to me.
Julie Little	We'll get your invoice processed in the next few days.
George Preece	Fine. Thanks for ringing. Goodbye.
Julie Little	Goodbye.

(c) Widerrufung einer Bestellung

Geschäftsführer	Großhandel Niederegger. Guten Tag.
Kundin	Tag. Hier Willmer, Alti Supermarkt. Es tut mir schrecklich leid, aber mein Bruder hat Ihnen diese Woche irrtümlicherweise eine falsche Bestellung geschickt. Geht es, daß ich sie telefonisch ändere?
Geschäftsführer	Ja, sicher, wenn nichts Verderbliches dabei war, das wir speziell bestellen mußten. Können Sie mir die Auftragsnummer geben?
Kundin	Ja, die ist SCC 231. Die Bestellung wurde vor drei Tagen gemacht und es handelt sich nur um verpackte Lebensmittel. Was wir absagen möchten, sind die alkoholfreien Getränke und die Cornflakes und dafür 15 Großpackungen Merkur bestellen. Ist das möglich?
Geschäftsführer	Da habe ich die Bestellung und die Rechnung. Wir ändern das alles, bevor Sie morgen die Waren abholen. Ich stelle Ihnen eine neue Rechnung aus. Ist das gegen sofortige Bezahlung?[1]
Kundin	Ja. Und wie gewöhnlich mit Scheck. Danke für Ihr Entgegenkommen. Auf Wiederhören.

1 *gegen* means 'for' in this context.

(d) Bestätigung eines Auftragsempfangs

Telefonist	Klapp und Weber. Guten Tag.
Julia Klein	Tag. Kann ich bitte mit Herrn Preiss sprechen?
Telefonist	Augenblick. Ich verbinde.
Herr Preiss	Hallo. Hier Preiss.
Julia Klein	Guten Tag, Herr Preiss. Hier Julia Klein. Ich wollte nur den Empfang unseres Auftrags Nr. B/397/386 bestätigen.
Herr Preiss	Ist das der Auftrag über[1] Gürtelreifen?
Julia Klein	Ja, genau. Die sind heute angekommen. Sie wollten, daß wir den Erhalt so bald wie möglich bestätigen.
Herr Preiss	Ja, vielen Dank für Ihren Anruf.
Julia Klein	Ihre Rechnung wird in den nächsten Tagen erledigt.
Herr Preiss	Gut. Danke nochmals für Ihren Anruf. Auf Wiederhören.
Julia Klein	Auf Wiederhören.

1 *Auftrag über/Bestellung über*, 'order for'.

(e) Clarifying details of an order

Edward	Good afternoon, DIY Stores, Edward speaking.
Customer	Hello, I am ringing about an order I made on the 27th. My name is Jones.
Edward	Just a moment . . . Mr B Jones, 24 litres of paint to be delivered on the 4th?
Customer	Yes, that's it. But I would like to change one or two details if I may.
Edward	No problem. Go ahead.
Customer	I originally ordered 6 litres of eggshell blue matt, I would like to change that to sky blue vinyl silk. Is that OK?
Edward	Yes that is all right. We have it in stock. Anything else?
Customer	Just the delivery address. Could you deliver the paint to the site, 34 Western Way, on the 4th as agreed?
Edward	No problem, sir.

(e) Änderung von Bestellungsdetails

Erler   Hier Baumarkt. Erler. Guten Tag.

Kunde   Hallo. Ich rufe an wegen meiner Bestellung vom vierundzwanzigsten. Mein Name ist Jäger.

Erler   Moment, bitte. . . . Herr Franz Jäger, 24l Farbe für Zustellung am vierten?

Kunde   Ja, genau. Aber, wenn es geht, möchte ich ein paar Einzelheiten ändern.

Erler   Kein Problem. Worum handelt es sich?

Kunde   Ursprünglich habe ich 6l in Eierschale matt bestellt. Kann ich das auf[1] himmelblau, Vinyl seidig abändern?

Erler   Ja, das geht. Wir haben die Farbe auf Lager. Sonst noch etwas?

Kunde   Ja, die Zustelladresse. Können Sie die Farbe wie vereinbart am 4. an die Werksanlage, Weststraße 34 liefern?

Erler   Geht in Ordnung.[2]

---

1   Note the use of *auf* to indicate change 'to'.
2   Just '*in Ordnung*' would also be possible.

3 Making an appointment

Receptionist	Good morning, Chiltern International. Can I help you?
Mr Wignall	Good morning, I would like to speak to Mrs Mills's secretary.
Receptionist	One moment, please.
Secretary	Sue White.
Mr Wignall	Good morning, Ms White. My name is Wignall, from Whitnash Industries. I shall be in your area next week and would like to discuss product developments with Mrs Mills. Tuesday or Wednesday would suit me best.
Secretary	Just a moment. I'll check Mrs Mills's diary. She could see you Wednesday morning at 10.
Mr Wignall	That would be fine. Thank you very much.
Secretary	Thank you.
Mr Wignall	Goodbye.
Secretary	Goodbye.

3 Terminvereinbarung

Empfang	Metall International. Guten Tag. Kann ich Ihnen helfen?
Herr Winter	Guten Tag. Kann ich mit Frau Möllers Sekretärin sprechen?
Empfang	Einen Moment, bitte.
Sekretärin	Weiß.
Herr Winter	Guten Tag, Frau Weiß. Mein Name ist Winter von der Firma Steiff GmbH. Ich bin nächste Woche in Ihrem Gebiet und würde bei der Gelegenheit gern mit Frau Möller über die Produktentwicklung sprechen. Dienstag oder Mittwoch würde mir am besten passen.
Sekretärin	Moment. Ich sehe in Frau Möllers Terminkalender nach. Sie wäre Mittwoch um 10 Uhr vormittag frei.
Herr Winter	Paßt ausgezeichnet. Vielen Dank.
Sekretärin	Bitte sehr.
Herr Winter	Auf Wiederhören.
Sekretärin	Auf Wiederhören.

4 Invitation to attend a meeting

Secretary   Hello, Mr Anguita?

Director   Yes, speaking.

Secretary   Javier Clemente here. I'm secretary to Lucía Ordóñez, public relations manager at Agencia Rosell, Barcelona.

Director   Oh, yes. We met last month at the trade fair in Tarragona. She mentioned that your agency might be able to help my company.

Secretary   That's right. Well, since then she has been in touch with a number of local firms who wish to set up joint projects elsewhere in Europe. A meeting is scheduled for Tuesday, 6 October, at our offices here in Barcelona. An invitation is on its way to you. I'm ringing now to give you advance warning.

Director   That's very kind. I'll check my diary and either way I'll get my secretary to ring you before the weekend. Will you thank Ms Ordóñez for the invitation and tell her I hope I will be able to make it on the 6th?

Secretary   I will. Thank you, Mr Anguita. By the way, our number is 3516784.

Director   Sorry, I nearly forgot to ask you! Send Ms Ordóñez my regards, and thanks again. Goodbye.

Secretary   Good afternoon.

4 Einladung zu einer Besprechung

Sekretär	Hallo. Herr Dr. Reiter?[1]
Direktor	Am Apparat.[2]
Sekretär	Hier spricht[3] Klaus Pichler. Ich bin Sekretär von Frau Martin, der Leiterin für Public Relations bei der Werbeagentur Trend.
Direktor	Oh ja. Wir haben uns im letzten Monat auf der Messe in Hannover kennengelernt. Sie erwähnte damals, daß Ihre Agentur unserer Firma eventuell behilflich sein könnte.
Sekretär	Richtig. Also, Frau Martin hat neulich ein paar hiesige Firmen kontaktiert, die an einem gemeinsamen Projekt für Europa interessiert sind. Wir haben diesbezüglich eine Besprechung für Dienstag, 6. Oktober, hier in unserem Hamburger Büro angesetzt. Ihre Einladung ist schon unterwegs. Mein Anruf soll Sie nur schon vorher in Kenntnis setzen.
Direktor	Das ist sehr freundlich von Ihnen. Ich werde gleich in meinem Terminkalender nachsehen, aber auf jeden Fall wird Sie meine Sekretärin noch vor Ende der Woche anrufen. Danken Sie inzwischen Frau Martin für die Einladung und sagen Sie ihr, daß ich hoffe, am 6. in Hamburg zu sein.
Sekretär	Gern. Vielen Dank, Herr Dr. Reiter. Übrigens, unsere Telefonnummer ist 35 16 784.
Direktor	Oh danke. Das hätte ich beinahe vergessen. Also auf Wiederhören und Empfehlungen an Frau Martin.
Sekretär	Danke schön. Auf Wiederhören.

1 Note the use of the full title. Formality is required here.
2 *Am Apparat*, 'speaking' (lit: 'on the phone').
3 The *spricht* could be omitted.

5 Apologizing for non-attendance

(a) At a future meeting

Nancy Richards	Nancy Richards.
Bill Simpkins	Morning, Nancy. Bill Simpkins here.
Nancy Richards	Hello, Bill, how are you?
Bill Simpkins	Fine thanks. Look, I've just received notice of the sales meeting next Tuesday.
Nancy Richards	Yes, is there a problem?
Bill Simpkins	Afraid so. I'll have to send my apologies. I'm already committed to a trade fair trip.
Nancy Richards	OK. I'll pass on your apologies. Can you send someone else?
Bill Simpkins	I've a colleague who can probably come. Her name is Susie Green. She'll contact you later today.
Nancy Richards	Fine. Well, have a nice trip. I'll see you when you get back.

5 Entschuldigung für Abwesenheit

(a) Absage der Teilnahme an einer Besprechung

Frau Röder	Röder.
Herr Schnabel	Morgen, Frau Röder. Hier Schnabel.
Frau Röder	Grüß Gott, Herr Schnabel.[1] Wie geht's?
Herr Schnabel	Gut, danke. Also, ich habe da gerade die Mitteilung über die Verkaufsbesprechung am Dienstag bekommen.
Frau Röder	Ja, und gibt's ein Problem?
Herr Schnabel	Ja, ich muß leider meine Teilnahme absagen. Ich muß zu der Zeit auf eine Messe fahren.
Frau Röder	OK. Ich werde Sie entschuldigen. Können Sie jemanden als Vertretung schicken?
Herr Schnabel	Ja, möglicherweise meine Kollegin, Frau Grün. Sie wird Sie heute im Laufe des Tages anrufen.
Frau Röder	Schön. Also, dann gute Reise und auf Wiedersehen.

1   *Grüß Gott* is used in Southern Germany, particularly in Bavaria, and in Austria.

(b) At a meeting that has already been held

George Sands	Could you put me through to the Managing Director please.
Secretary	Certainly, sir. One moment.
Henry Curtis	Hello, George. We missed you yesterday.
George Sands	I am calling to apologize. I didn't write because I intended to come and was prevented at the last moment.
Henry Curtis	I gather there's a spot of bother in the Gulf.
George Sands	Oh, you've heard. Bad news travels fast. Yes, we have a container ship on its way and rumours of war at its destination.
Henry Curtis	What will you do? Send it somewhere else pro tem?
George Sands	Yes, but don't worry – I'll sort it out. Meanwhile how did your 'do' go?
Henry Curtis	Very well. All the important people came. Barry Clerkenwell from the BOTB was asking for you. I said you'd give him a bell.
George Sands	Will do, and sorry again that I couldn't make it.

(b) Entschuldigung im Nachhinein für Nichtanwesenheit

Herr Schranz	Bitte, verbinden Sie mich mit dem Geschäftsleiter.
Sekretärin	Einen Moment, bitte.
Herr Kurtz	Hallo, Herr Schranz. Wir haben Sie gestern vermißt.[1]
Herr Schranz	Ja, deshalb rufe ich an. Es tut mir leid. Ich habe nicht schriftlich abgesagt, denn ich wollte ja kommen, aber dann wurde ich in letzter Minute aufgehalten.
Herr Kurtz	Ja, soviel ich höre, gibt es da Schwierigkeiten mit den Golfstaaten.
Herr Schranz	Sie wissen also schon. Schlechte Neuigkeiten verbreiten sich schnell. Ja, wir haben ein Kontainerschiff unterwegs in ein Gebiet, in dem von Krieg gemunkelt wird.
Herr Kurtz	Und was ist da zu machen? Das Schiff einstweilen umleiten?
Herr Schranz	Ja, doch keine Bange. Wir schaffen das schon. Übrigens, wie ging die Sitzung?
Herr Kurtz	Ausgezeichnet. Alle wichtigen Leute waren da. Dr. Olten von der Handelskammer hat nach Ihnen gefragt. Ich sagte, Sie würden ihn gelegentlich anrufen.
Herr Schranz	Klar. Mach ich. Nochmals, bedaure, daß ich nicht bei der Sitzung war.

1 *Vermissen*, 'to miss (the presence of a person)'. *Verpassen* is used for 'to miss (a bus, train, etc.)'

17

6 Making a complaint

Mr Russell	Service Department, please.
Assistant	Service Department.
Mr Russell	Hello, my name's Russell, from Littleborough Plant & Equipment. Item IP/234 was ordered by us two weeks ago and has still not been delivered. I rang on Wednesday and was promised delivery by 5 p.m. yesterday. We're still waiting to receive the part.
Assistant	I'm sorry, Mr Russell, let me check . . . I'm afraid the part still hasn't come in to us. It's still on order from the manufacturer.
Mr Russell	Look, I'm not interested in all that. I just want to know when we'll get the part. I stand to lose a good customer if I don't repair his machinery. If I don't get the part today, I'll go to another supplier.
Assistant	I'll chase up the manufacturer and see what I can do. I'll get back to you by 1 o'clock and let you know what the situation is.

6 Beschwerde

Herr Ruprecht	Abteilung Kundendienst, bitte.
Verkaüfer	Kundendienst . Guten Tag.
Herr Ruprecht	Hallo. Hier Ruprecht von der Firma Kleinburg. Vor 2 Wochen haben wir Artikel IP/234 bei Ihnen bestellt und haben bis jetzt noch nichts erhalten. Ich habe schon am letzten Mittwoch angerufen und man hat mir da versprochen, bis spätestens gestern 17 Uhr zu liefern. Wir warten aber noch immer auf die Lieferung der Ersatzteile.
Verkaüfer	Das tut mir sehr leid, Herr Ruprecht. Lassen Sie mich mal nachsehen . . . Ich bedaure, aber die Teile sind noch nicht bei uns eingetroffen, sie sind noch immer beim Hersteller in Auftrag.
Herr Ruprecht	Schauen Sie, das interessiert mich alles überhaupt nicht. Ich will nur wissen, wann wir die Ersatzteile bekommen werden. Möglicherweise verliere ich einen guten Kunden, wenn ich seine Maschinen nicht reparieren kann. Entweder ich bekomme die Teile noch heute oder ich gehe zu einem anderen Lieferanten.
Verkaüfer	Ich werde mal beim Erzeuger ein bißchen Dampf machen und sehen, was sich machen läßt. Ich rufe Sie vor ein Uhr an und gebe Ihnen dann Bescheid.

7 Reminder for payment

Tardy customer	Good day. Des Morrison speaking.
Supplier	Hello, Mr Morrison. It's Bankstown Mouldings here. Did you receive a letter from us last week reminding you about the outstanding account you have with us?
Tardy customer	No, can't say I did. Mind you, that's no surprise when you see the state of this office. We've just moved from the middle of town.
Supplier	Oh. Sorry to hear that. Well, it's an invoice for $2,356 which we sent out on 17 April; it probably arrived on April 19 or 20.
Tardy customer	Can you refresh my memory and tell me what it was for?
Supplier	Of course. We supplied you in March with several hundred wood and plastic ceiling fittings for the houses you were working on at the time. The invoice code is QZ163P.
Tardy customer	OK. I'll ask my wife to have a good look for it. In the meantime, what about sending me a copy so that we can pay up at the end of the month even if we can't trace the original?
Supplier	That's no problem. I'll fax it to you this afternoon if you have a machine.
Tardy customer	No way. I haven't seen ours since we moved! Send it by post to this address: Unit 12, Trading Estate, Pacific Highway. Sorry for the hassle. We'll settle up as soon as we get it.
Supplier	I'll post a copy today, and rely on you to keep your word.

7 Mahnung

Kunde im Zahlungsrückstand	Guten Tag. Hier Moser.
Lieferant	Guten Tag, Herr Moser. Hier Firma Bankstetter. Haben Sie von uns letzte Woche einen Brief bezüglich Ihrer unbezahlten Rechnung erhalten?
Kunde im Zahlungsrückstand	Nicht daß ich wüßte, aber beim Zustand meines Büros ist das keine Überraschung. Wir sind nämlich gerade aus dem Stadtzentrum umgezogen.
Lieferant	Oh, Entschuldigung. Also, es handelt sich um eine Rechnung über[1] 23 560,– DM, die wir Ihnen am 17. April geschickt haben. Vermutlich haben Sie sie am 19. oder 20. bekommen.
Kunde im Zahlungsrückstand	Können Sie meinem Gedächtnis nachhelfen und mir sagen, wofür die Rechnung war?
Lieferant	Sicher. Wir haben Ihnen im März mehrere hundert[2] Deckenverkleidungen aus Holz und Kunststoff geliefert – für die Häuser, an denen Sie damals gearbeitet haben. Die Rechnungsnummer ist QZ163P.
Kunde im Zahlungsrückstand	OK. Ich sage meiner Frau, sie soll danach suchen. Wie wäre es aber, wenn Sie mir inzwischen eine Kopie der Rechnung senden könnten, sodaß wir am Monatsende zahlen können, auch wenn wir das Original nicht finden?
Lieferant	Kein Problem. Ich schicke Ihnen heute nachmittag ein Fax. Sie haben doch eine Maschine?
Kunde im Zahlungsrückstand	Bitte nicht! Ich habe unsere Faxmaschine seit dem Umzug nicht mehr gesehen. Geht es mit der Post an folgende Adresse: Industriepark, Standplatz 30, Lübecker Hauptstraße? Entschuldigen Sie das ganze Theater, aber Sie kriegen[3] Ihr Geld, sowie wir die Rechnung erhalten.
Lieferant	Ich nehme Sie beim Wort. Wir senden die Kopie noch heute.

1 *Rechnung über,* 'invoice for'. Similarly, *ein Scheck über,* 'a cheque for'.
2 Note the use of the singular *hundert* (similarly, *ein paar hundert Leute,* 'a few hundred people').
3 *Kriegen* is very colloquial.

8 Enquiry about hotel accommodation

Telephonist	Good morning, Hotel Brennan. Can I help you?
Customer	Hello. Can you put me through to Reservations?
Telephonist	Certainly. Putting you through now.
Reservations desk	Reservations. Good morning.
Customer	Morning. Could you tell me if you have a double room free from 14 to 16 May, or from 18 to 20 May?
Reservations desk	Just a moment. I'll check for you. Yes, we do. On both dates.
Customer	What's the price?
Reservations desk	The price per night, with bath and including breakfast, is £160. That includes service and VAT. Do you want to make a reservation?
Customer	Not yet. I'll get back to you. Goodbye.
Reservations desk	Goodbye.

8 Hotelanfrage

Telefonist	Hotel Brenner. Guten Morgen. Bitte schön?
Kunde	Hallo. Bitte verbinden Sie mich mit Reservierungen!
Telefonist	Gerne. Ich verbinde.
Reservierungen	Reservierungen. Guten Morgen.
Kunde	Guten Tag. Können Sie mir sagen, ob Sie ein Doppelzimmer vom 14. bis 16. Mai oder vom 18. bis 20. Mai frei haben?
Reservierungen	Augenblick. Ich sehe nach. Ja, beide Daten gehen.
Kunde	Und was kostet das?
Reservierungen	Der Preis, mit Bad und Frühstück beträgt pro Nacht DM 368,–, inklusive Bedienung und Mehrwertsteuer. Möchten Sie ein Zimmer reservieren?
Kunde	Nicht im Moment. Ich werde zurückrufen. Auf Wiederhören.
Reservierungen	Auf Wiederhören.

9 Changing an appointment

Susan Lipman	Hello. May I speak to Helen Adler?
Helen Adler	Speaking.
Susan Lipman	Hello, this is Susan Lipman. I rang yesterday to see if I could visit the Ministry on Friday to discuss with your staff the new plans for tax reforms in the recent Budget. Unfortunately, my boss has just told me that the time we fixed is no good as I have to attend an urgent meeting with him. Could we possibly change our appointment?
Helen Adler	I'm sorry that's happened, but don't worry. When do you think you can come?
Susan Lipman	Any chance of the following week, maybe Tuesday afternoon?
Helen Adler	It looks unlikely, I'm afraid. How about Thursday at about 10.30? All the key staff should be here then.
Susan Lipman	If you can give me a moment, I'll check . . . Yes, that's fine as long as you don't object to our having to leave by 1 p.m. – my boss has to fly to the States in the afternoon.
Helen Adler	That will suit us. When you arrive, please inform the security staff and they will direct you to the relevant department, which is on the fourth floor. OK?
Susan Lipman	Many thanks for being so helpful. Looking forward to seeing you on the 8th.
Helen Adler	Me too. Goodbye.

9 Terminänderung

Susanne Liebermann	Hallo. Kann ich mit Frau Adler sprechen, bitte?
Frau Adler	Am Apparat.
Susanne Liebermann	Guten Tag. Hier spricht Susanne Liebermann. Ich rief bereits gestern an bezüglich meines Besuchs bei Ihren Mitarbeitern im Ministerium am Freitag zur Besprechung der neuen Steuerreformpläne im letzten Budget. Leider findet mein Chef die von uns vereinbarte Zeit ungünstig, denn er braucht mich bei einer dringenden Sitzung. Wäre es möglich, unseren Termin zu ändern?
Frau Adler	Ach bestimmt. Machen Sie sich keine Sorgen. Wann würde es Ihnen dann passen?
Susanne Liebermann	Wie wäre es mit nächster Woche, sagen wir Dienstag nachmittag?
Frau Adler	Tut mir leid, aber da geht es nicht. Könnten Sie am Donnerstag um 10.30 Uhr kommen? Alle wichtigen Mitarbeiter dürften dann anwesend sein.
Susanne Liebermann	Moment, ich seh' mal nach. .... Ja, das geht wunderbar, nur wenn es Ihnen nichts ausmacht, daß wir schon um ein Uhr wieder weg müssen. Mein Chef muß nämlich am Nachmittag in die Staaten fliegen.
Frau Adler	Nein, das macht überhaupt nichts. Könnten Sie bei Ihrer Ankunft dem Sicherheitspersonal Bescheid geben und man wird Sie dann in die betreffende Abteilung im 4. Stock führen. Geht das?
Susanne Liebermann	Ja. Vielen Dank für Ihr Entgegenkommen. Also auf Wiedersehen am achten.
Frau Adler	Bis dann. Auf Wiedersehen.

10 Informing of a late arrival

Brian Kennon	Brian Kennon.
Paul Kelvin	Morning Brian, Paul here.
Brian Kennon	Hi, Paul. Where are you?
Paul Kelvin	I'm still at Heathrow – the flight has been delayed.
Brian Kennon	So you'll be late for the meeting.
Paul Kelvin	Yes, afraid so! I'm now due to arrive at Düsseldorf at 11.15. I should be with you about 12.
Brian Kennon	Don't worry. We'll push the start of the meeting back to 11.30 and take the less important agenda items first.
Paul Kelvin	Fine. Thanks for that. Look, I'd better dash – they've just called the flight.
Brian Kennon	OK. See you later. Bye for now.
Paul Kelvin	Bye.

11 Ordering a taxi

Taxi firm	Hello.
Customer	Hello, is that A & B Taxis?
Taxi firm	Yes. What can we do for you?
Customer	We would like a cab straightaway to take our Sales Manager to the airport.
Taxi firm	Birmingham Airport?
Customer	Yes. It's quite urgent. He has to check in in 35 minutes.
Taxi firm	Don't worry we'll get him there. Give me your address and a cab will be with you in 5 minutes.

10 Verspätete Ankunft

Benno König	Hier König.
Paul Klein	Hallo Benno. Hier ist Paul.[1]
Benno König	Hallo Paul. Wie geht's?
Paul Klein	Ich bin noch immer in Heathrow – der Flug hat Verspätung.
Benno König	Das heißt, daß du zu spät zur Besprechung kommst.
Paul Klein	Ja, tut mir leid. Wir sollen jetzt um 11.15 Uhr in Düsseldorf ankommen. Da müßte ich es bis 12 Uhr schaffen, bei dir zu sein.
Benno König	Kein Problem. Wir verlegen den Anfang der Sitzung einfach auf 11.30 Uhr und nehmen die weniger wichtigen Punkte der Tagesordnung zuerst dran.
Paul Klein	Super. Vielen Dank. Aber ich gehe jetzt besser. Mein Flug wurde gerade aufgerufen.[2]
Benno König	OK. Bis später. Tschüß[3] denn!
Paul Klein	Tschüß!

1 The *ist* could be omitted.
2 *Einen Flug aufrufen*, 'to call a flight'.
3 This is a very colloquial expression which is frequently used.

11 Ein Taxi bestellen

Taxiunternehmen	Hallo.
Kunde	Ist dort A & B Taxis?
Taxiunternehmen	Ja. Sie wünschen?
Kunde	Bitte können Sie uns direkt einen Wagen schicken? Unser Verkaufsdirektor muß zum Flughafen.[1]
Taxiunternehmen	Flughafen Düsseldorf?
Kunde	Ja. Es ist dringend. Er muß in 35 Minuten einchecken.
Taxiunternehmen	Keine Sorge. Wir schaffen das schon rechtzeitig. Geben Sie mir Ihre Adresse. Ein Wagen wird in 5 Minuten da sein.

1 The verb of motion is omitted, since the sense of this is contained in the words here.

12 Checking flight information

Travel agent	Russell's Travel, good morning.
Customer	Could you confirm my travel details for me, please?
Travel agent	Certainly, sir. Do you have your ticket to hand?
Customer	I am travelling on flight EA739 to Prague next Wednesday and then on to Bratislava the next day.
Travel agent	Flight EA739 leaves Heathrow at 11.35 a.m. and arrives in Prague at 15.05. Flight CZ417 leaves Prague at 16.30 and gets to Bratislava at 17.20. Is it an open ticket?
Customer	No, it's an Apex ticket.
Travel agent	That's fine, then. You must check in one hour before departure.
Customer	Thank you very much for your help.
Travel agent	Don't mention it.

12 Fluginformation einholen

Reisebüro	Reisebüro Globus. Guten Tag.
Kunde	Könnten Sie bitte meine Reiseeinzelheiten bestätigen?
Reisebüro	Gerne. Haben Sie Ihre Flugkarte bei der Hand?
Kunde	Ja. Also ich fliege mit Flug EA739 nächste Woche nach Prag und am nächsten Tag weiter nach Bratislava.
Reisebüro	EA739 fliegt um 11.35 Uhr von Heathrow ab und kommt um 15.05 Uhr in Prag an. Flug CZ417 von Prag, Abflug 16.30 Uhr, Ankunft in Bratislava 17.20 Uhr. Haben Sie ein offenes Flugticket?
Kunde	Nein, es ist APEX.
Reisebüro	Gut. Sie müssen spätestens eine Stunde vor Abflug einchecken.
Kunde	Vielen Dank für Ihre Hilfe.
Reisebüro	Bitte schön.

13 Booking a flight

Customer	Hello. Sunline Air Services?
Airline clerk	Yes, madam. This is Paul Wagner. Can I help you?
Customer	Thank you. My name is Robertson. I'd like to book a direct flight to Antigua. How many times a week do you offer Luxury Class travel on your flights?
Airline clerk	There are departures from London each Monday afternoon and Thursday morning. Obviously, there are flights on other days with different airlines, but our tariffs are very competitive.
Customer	Yes, that's what they told me at the travel agency, but I wanted to check for myself. Could you quote me for two return tickets leaving on Thursday, 7 May?
Airline clerk	Can we first check flight details and then look again at prices?
Customer	Yes, fine. So how does the 7th look?
Airline clerk	On the 9.30 departure there are several pairs of seats available still; for your return journey you can make arrangements in Antigua. Shall I pass you over to my colleague, Janet, who can give you more information on costs? Everything else will be dealt with by her, including your personal details, form of payment and delivery of tickets to you.
Customer	Thank you for your help.
Airline clerk	My pleasure.

13 Buchung eines Fluges

Kunde	Hallo. Fluglinie Sonnenstrand?
Angestellter	Ja. Hier Paul Wagner. Kann ich Ihnen behilflich sein?
Kunde	Mein Name ist Reinert. Ich möchte einen Direktflug nach Antigua buchen. Wie oft pro Woche kann man auf Ihren Flügen Luxusklasse fliegen?
Angestellter	Es gibt einen Flug jeden Montag nachmittag und jeden Donnerstag vormittag. Natürlich gibt es auch Flüge verschiedener Fluggesellschaften an den anderen Tagen, aber unsere Flugtarife sind äußerst konkurrenzfähig.
Kunde	Ja. Das hat man mir auch im Reisebüro gesagt, aber ich wollte das selbst überprüfen. Können Sie mir sagen, wieviel zwei Flugkarten hin und zurück, Abflug 7. Mai kosten würden?
Angestellter	Sehen wir uns zuerst die Flugeinzelheiten an bevor wir zu den Preisen kommen.
Kunde	Gut. Also wie sieht es für den 7. aus?
Angestellter	Es gibt noch etliche freie Plätze nebeneinander im Flug um 9.30 Uhr. Für Ihren Rückflug können Sie von Antigua aus Anordnungen treffen. Ich kann Sie jetzt an meine Kollegin, Frau Wolf, weitergeben. Sie gibt Ihnen weitere Auskunft über die Kosten. Das Restliche, das heißt Personaldaten, Zahlungsweise und Zustellung der Flugkarten, erledigt meine Kollegin.
Kunde	Vielen Dank.
Angestellter	Bitte, gern. Auf Wiederhören.

14 Thanking for hospitality

Jennie Denning	Jennie Denning.
Rachel Green	Hello, Ms Denning. Rachel Green here, from Galway plc.
Jennie Denning	Hello, Mrs Green. Did you have a good flight back?
Rachel Green	Yes, very good thanks. I'm ringing to thank you for your hospitality last night. It was a very enjoyable evening, and it was very kind of you to ask us all round – particularly at such short notice!
Jennie Denning	I'm pleased you found it enjoyable. It was very interesting for me to meet you all.
Rachel Green	It really was kind of you. So thanks once again. If you ever come over here, you must visit us.
Jennie Denning	Yes, I'll do that. Thanks for ringing.
Rachel Green	And thank you. Goodbye.
Jennie Denning	Bye.

14 Dank für Gastlichkeit

Frau Denniger	Hier Denninger.
Ruth Grüner	Hallo, Frau Denninger, hier spricht Ruth Grüner von Urbann GmbH.
Frau Denniger	Guten Tag, Frau Grüner. Hatten Sie einen guten Rückflug?
Ruth Grüner	Ja, danke. Ich möchte mich noch sehr herzlich für Ihre Gastfreundschaft gestern abend bedanken. Es war ein wirklich reizender Abend, und es war so nett von Ihnen, uns alle zu Ihnen nach Hause einzuladen – und mit so wenig Zeit zur Vorbereitung!
Frau Denniger	Schön, daß Sie sich gut unterhalten haben. Es hat mich sehr gefreut, Sie alle kennenzulernen.
Ruth Grüner	Es war wirklich sehr freundlich von Ihnen. Nochmals vielen Dank. Sollten Sie einmal in unsere Gegend kommen, müssen Sie uns unbedingt besuchen.
Frau Denniger	Oh, sehr gerne. Vielen Dank für Ihren Anruf.
Ruth Grüner	Ich danke Ihnen. Auf Wiederhören.
Frau Denniger	Wiederhören.

15 Invitations

(a) Accepting

John Brown	Hello, this is John Brown of International Tool & Die. I am calling to accept your invitation to the lunch in honour of Mr Aspley.
Chamber of Commerce employee	You are only just in time Mr Brown. I am fixing the final number of guests at 12 noon today.
John Brown	I'm sorry I did not reply sooner and in writing, but I've just come back from a business trip. I'm so glad not to miss this occasion.
Chamber of Commerce employee	A lot of people think highly of our Euro MP. There's going to be a good turnout.
John Brown	I am pleased to hear it. Mr Aspley has certainly helped my business to get into the EU market. Are any other VIPs coming?
Chamber of Commerce employee	The Lord Mayor is coming and so is the president of the European Parliament. I don't know about our local MPs.
John Brown	Anyway, you've got me on your list?
Chamber of Commerce employee	Yes, Mr Brown. You are on the list.

15 Einladung

(a) Annehmen

Herr Braun	Hallo, hier Braun von MABO Werkzeugmaschinen. Ich nehme gerne Ihre Einladung zum Mittagessen zu Ehren von Herrn Dr. Alpert an.
Handelskammerangestellte	Oh, gut. Sie rufen gerade rechtzeitig an, Herr Braun. Heute mittag wird die endgültige Gästeliste festgesetzt.
Herr Braun	Es tut mir leid, daß ich nicht schon früher und schriftlich geantwortet habe, aber ich bin gerade eben von einer Geschäftsreise zurückgekehrt. Ich bin so froh, daß ich diesen Anlaß nicht verpasse.[1]
Handelskammerangestellte	Ja, unser Abgeordneter im Europäischen Parlament wird sehr geschätzt und viele Leute werden da sein.
Herr Braun	Das freut mich zu hören. Herr Dr. Alpert hat jedenfalls meinem Unternehmen sehr geholfen, auf dem EU Markt Fuß zu fassen. Kommen irgendwelche hohen Tiere?
Handelskammerangestellte	Ja, der Oberbürgermeister und der Präsident des Europäischen Parlaments. Ich bin nicht sicher, ob unser Bundestagsabgeordneter kommt.
Herr Braun	Aber Sie haben mich jetzt auf der Liste, nicht wahr?
Handelskammerangestellte	Ja, Herr Braun. Haben wir.

---

1 *Verpassen*, 'to miss' i.e. an opportunity, train, etc. *Vermissen* is used in the sense: 'to miss' a person, place (i.e. emotionally).

(b) Declining

John Gregory	Hello, Michael. This is John Gregory from Car Products International. We've organized a trip to the Indycar road race at Long Beach for our most valued clients. It's the last weekend of April. Would you be able to come?
Michael Mills	Let me check my diary. I'm sorry, John, but I'm down to go to a company sales convention in Malta that weekend. I'm afraid there's no way I can get out of that.
John Gregory	That's a real pity. It would have been great to get together again. If you would like to send one of your staff, just let me know.
Michael Mills	Will do. Goodbye.
John Gregory	So long.

(b) Ablehnen

Herr Gärtner   Hallo, Herr Miltner? Hier spricht Gärtner von Möller
                 Autozubehör. Wir haben einen Ausflug nach Hockenheim zum
                 Autorennen für unsere ganz speziellen Kunden organisiert. Das
                 wäre am letzten Wochenende im April. Könnten Sie
                 mitkommen?

Herr Miltner   Ich sehe mal schnell im Terminkalender nach. Oh wie schade!
                 Ich muß zu einer Verkaufskonferenz[1] unserer Firma nach Malta
                 an diesem Wochenende und da kann ich leider nicht absagen.

Herr Gärtner   Ja, das ist wirklich sehr schade.Ich hätte mich sehr gefreut, Sie
                 wieder einmal zu sehen. Aber wenn Sie einen Ihrer Mitarbeiter
                 schicken wollen, lassen Sie es mich doch wissen.

Herr Miltner   Sehr gerne. Auf Wiederhören.

Herr Gärtner   Wiederhören.

---

1   The omission of the verb of motion in this type of construction is quite common, for
    example: *ich muß in die Stadt; wir müssen heute nach Wien.*

16 Travel enquiries

(a) Rail

Passenger	Good afternoon. Could you tell me if there is a train out of Seville in the early afternoon going to Madrid?
Booking clerk	Do you mind how long the journey takes?
Passenger	Well, I have to be at a conference in the capital by 6 o'clock in the evening.
Booking clerk	There's a high-speed train which leaves Seville every day at 12 midday. You'll be in Madrid by mid-afternoon.
Passenger	That sounds fine. Can I purchase my tickets by phone?
Booking clerk	No, I'm afraid you have to come and pay in person.
Passenger	Surely it's possible for a colleague or my personal assistant to make the purchase for me?
Booking clerk	Yes, sir, of course.
Passenger	Very well. I shall be travelling on Friday of this week and will require two singles. How much is that?
Booking clerk	34,000 pesetas in first class or 21,000 in second.
Passenger	Fine. Thanks for your assistance.

16 Auskünfte

(a) Zugauskunft

Reisender   Guten Tag. Können Sie mir sagen, ob es einen Zug von Hamburg nach Frankfurt am frühen Nachmittag gibt?

Bahnbeamter   Wie lang darf die Reise dauern? Oder spielt das keine Rolle?

Reisender   Also, ich muß um 6 Uhr abends in Frankfurt bei einer Tagung sein.

Bahnbeamter   Es geht täglich ein Schnellzug von Hamburg um 12 Uhr; Sie wären dann am späten Nachmittag in Frankfurt.

Reisender   Ja, das paßt gut. Kann ich meine Fahrkarten telefonisch lösen?

Bahnbeamter   Leider nein. Sie müßten das hier selbst erledigen.

Reisender   Aber es muß doch möglich sein, daß ein Mitarbeiter oder meine Sekretärin das für mich machen kann.

Bahnbeamter   Ja, selbstverständlich.

Reisender   Gut. Also, ich fahre am Freitag dieser Woche und brauche zwei einfache Fahrkarten. Was macht das, bitte?

Bahnbeamter   374,– DM erster Klasse und 230,– DM zweiter Klasse.[1]

Reisender   Schön. Vielen Dank für Ihre Hilfe.

1   Note the use of the genitive here: *erster* and *zweiter Klasse*.

(b) Ferry

Booking clerk	Speedline Ferries. Can I help you?
Passenger	Yes, I'm taking my car over to France next week, from Dover to Calais. Can you give me the times of the crossings?
Booking clerk	Well, they're very frequent. About what time do you want to leave?
Passenger	About 8 a.m.
Booking clerk	Well, there's one at 8.45. The next one is at 10.45.
Passenger	Is there an earlier one?
Booking clerk	Yes, but that one goes at 6 a.m.
Passenger	And what's the return fare?
Booking clerk	Your vehicle and how many passengers?
Passenger	Just me.
Booking clerk	The fare is £185.
Passenger	That's fine. Can I book by phone using my credit card?
Booking clerk	Certainly sir.
Passenger	Thanks for your help. I'll call back later. Goodbye.
Booking clerk	Bye, and thanks for calling.

(b) Fährenauskunft

Beamter	Speedline Ferries.
Reisender	Ich möchte nächste Woche die Autofähre von Ostende nach Dover nehmen. Könnten Sie mir die Zeiten der Überfahrt geben, bitte?
Beamter	Also, die Fähren gehen sehr oft. Wann ungefähr möchten Sie fahren?
Reisender	So um 8 Uhr früh.
Beamter	Nun, es gibt eine Fähre um 8.45 Uhr. Die nächste wäre dann um 10.45 Uhr.
Reisender	Gibt es denn keine frühere?
Beamter	Ja, aber die geht schon um 6 Uhr.
Reisender	Und was kostet eine Rückfahrkarte?
Beamter	Für Ihren Wagen und für wieviele Mitreisende?
Reisender	Ich fahre allein.
Beamter	Das kostet dann 425,– DM.
Reisender	Gut. Kann ich dann die Fahrt telefonisch mit Kreditkarte buchen?
Beamter	Ja, natürlich.
Reisender	Danke für Ihre Hilfe. Wiederhören.
Beamter	Auf Wiederhören. Danke für Ihren Anruf.

17 Arranging delivery of goods

Customer Hello, Mr King? You wanted me to ring you back.

Supplier Thanks for calling. I wanted directions for the delivery of parts that we are making to your factory on Monday.

Customer Ah right, this will be your first delivery. Well, take the motorway north. Come off at exit 27 and head towards Northam.

Supplier How do you spell that? N-O-R-T-H-A-M?

Customer That's it. After five miles you'll come to the Eastfield road.

Supplier E-A-S-T-F-I-E-L-D?

Customer Yes. After two miles you meet the Eastfield ringroad, clearly indicated, at a set of traffic lights. Go straight ahead and go through the next two traffic lights.

Supplier So, that's two miles and three traffic lights . . .

Customer At the fourth traffic light you turn left and then second right. This is Alverton Road and our premises are 150 yards down on the left.

Supplier Thanks very much; our lorry will be there on Monday.

17 Anweisungen zur Lieferung

Kunde	Hallo, Herr Kienzl. Sie wollten, daß wir Sie zurückrufen.
Lieferant	Danke für Ihren Anruf. Können Sie mir sagen, wie ich zu Ihrem Betrieb komme? Wir liefern die Ersatzteile am Montag.
Kunde	Ach richtig. Das ist Ihre erste Lieferung an uns. Also, nehmen Sie die Autobahn in Richtung Norden. Fahren Sie ab bei Ausfahrt 27 in Richtung Neustadt.
Lieferant	Wie schreibt man das? N-E-U-S-T-A-D-T?
Kunde	Genau. Nach etwa 8 km kommen Sie zu einem Kreisverkehr und nehmen von dort die Straße nach Erfurt.
Lieferant	E-R-F-U-R-T?
Kunde	Stimmt. Nach ungefähr 3 km kommen Sie zur klar gekennzeichneten Umfahrung von Erfurt bei einer Verkehrsampel. Sie fahren dann immer geradeaus durch zwei geregelte Kreuzungen.
Lieferant	Also, ein Kreisverkehr und drei Verkehrsampeln . . .
Kunde	Bei der vierten Ampel biegen Sie links ein und nehmen dann die zweite Straße rechts. Das ist Adenaurstraße und unsere Firma ist etwa 100 m weiter auf der linken Seite.
Lieferant	Vielen Dank. Unser Lieferwagen wird am Montag bei Ihnen sein.

Teil II
Section II

Persönliches Gespräch
Face to face

18 Arriving for an appointment

Receptionist	Good morning, can I help you?
Frances Jones	Good morning, my name is Frances Jones. I have an appointment with Mrs Fisher at 10.
Receptionist	One moment, please. Mrs Fisher's secretary will come down to meet you. Please take a seat.
Frances Jones	Thank you.
Receptionist	Would you like a coffee while you are waiting?
Frances Jones	Yes, thank you.
Receptionist	Please help yourself, the coffee machine and the cups are on your left.

18 Ankunft zu einem Termin

Empfang	Guten Tag. Bitte schön?
Fräulein Jörger	Guten Tag. Mein Name ist Jörger. Ich habe einen Termin mit Frau Fischer um 10 Uhr.
Empfang	Einen Moment, bitte. Frau Fischers Sekretärin wird gleich zu Ihnen herunterkommen. Bitte nehmen Sie einstweilen Platz!
Fräulein Jörger	Danke.
Empfang	Möchten Sie vielleicht einen Kaffee, während Sie warten?
Fräulein Jörger	Oh ja, bitte.
Empfang	Bitte, bedienen Sie sich! Die Kaffeemaschine und die Tassen sind hier links.

19 Arranging further contacts with a company

Mr Calder	Thank you very much for your help this morning, Mr Winter. I think we've made a lot of progress on the matter of financing the deal.
Mr Winter	Yes, I agree. It's been useful to clear the air after the initial difficulties we experienced. Presumably, this will not be our last meeting as we must await the final decision and then act quickly.
Mr Calder	Indeed. Do you have any idea of when that will be?
Mr Winter	I've been promised an answer by the end of June, so if we say early July there will still be a couple of weeks before we close for the summer vacation.
Mr Calder	Fine. How about Monday the 3rd?
Mr Winter	I can't make the morning, but I shall be free all afternoon. More importantly, the main people involved will be able to work on the final proposals that week. If we need to develop our plans further, bringing in other companies or arranging further contacts, there should be time enough to do that.
Mr Calder	Shall we say 2 p.m. here? In the meantime we can still explore the possibilities or value of involving other parties both within and outside our companies.
Mr Winter	Very well. I'll get that organized. I'll give you a ring by the 14th to confirm everything we might know in the meantime.
Mr Calder	Right. Thanks again. . . . Can I get to the carpark by going straight down in the elevator?
Mr Winter	Yes. First floor, first door on the left. See you in July if not before.

19 Weitere Terminvereinbarungen

Herr Kuhn	Sie haben uns heute vormittag sehr geholfen, Herr Winter. Vielen Dank. Ich denke, daß wir in der Sache Projektfinanzierung sehr viel weitergekommen sind.
Herr Winter	Ja, bestimmt. Nach den Anfangsschwierigkeiten war es nützlich, alle Unklarheiten aus dem Weg zu räumen. Es wird sicherlich noch weitere Besprechungen geben vor dem Endbeschluß, und dann heißt es schnell handeln.
Herr Kuhn	Genau. Haben Sie eine Ahnung, wann das ist?
Herr Winter	Mir wurde eine Antwort bis Ende Juni versprochen. Also nehmen wir Anfang Juli an, dann bleiben uns immer noch zwei Wochen, bevor der Betrieb Sommerurlaubssperre hat.
Herr Kuhn	Schön. Wie wäre es also mit Montag dem dritten?
Herr Winter	Vormittag geht es bei mir nicht, aber ich wäre den ganzen Nachmittag frei. Was aber noch wichtiger ist – die Hauptbeteiligten können in dieser Woche noch die letzten Vorschläge ausarbeiten. Und falls es nötig ist, unsere Pläne zu erweitern, etwa andere Firmen einzubeziehen oder weitere Termine zu vereinbaren,[1] so bleibt uns noch genug Zeit dafür.
Herr Kuhn	Sagen wir also um 14 Uhr hier? In der Zwischenzeit können wir noch untersuchen, welche Möglichkeiten oder welchen Sinn es haben würde, andere Gruppen innerhalb oder außerhalb unserer Firmen heranzuziehen.
Herr Winter	Also gut. Ich sehe dazu und rufe Sie dann noch vor dem 14. an und halte Sie auf dem laufenden.
Herr Kuhn	In Ordnung. Nochmals besten Dank. . . . Komme ich mit dem Lift direkt hinunter zum Parkplatz?
Herr Winter	Ja. Fahren Sie ins Erdgeschoß und dann ist es die erste Tür links. Auf Wiedersehen im Juli wenn nicht schon früher.

1 *Einen Termin vereinbaren*, 'to fix', 'make an appointment'. *Einen Termin einhalten* means 'to keep an appointment'.

20 Presenting a proposal

Helen Green	Morning, John. Do come in and take a seat.
John Stevens	Morning, Helen. Thanks.
Helen Green	You wanted to see me about our new product launch?
John Stevens	Yes, I think we should try to bring it forward to December.
Helen Green	That might be a bit tight. Any particular reason why?
John Stevens	Well, we'd catch the important Christmas business, and we'd be ahead of the opposition.
Helen Green	I'm not sure our production people could handle it.
John Stevens	Not a major problem. Our plant in Wellington can take on more of the production. We have spare capacity there.
Helen Green	Have you discussed this with your people over there?
John Stevens	Yes, and they're convinced they can deal with it.
Helen Green	We can't risk any slip-up on this – the launch is very important. And what about the advertising schedule?
John Stevens	That's OK. The advertising copy is virtually ready. The ads could be pulled forward to December.
Helen Green	Look, there's some advantage in doing this, but I'd like to talk about it with the board first. There's a meeting tomorrow at 2. Can you make it?
John Stevens	I've got one or two things on, but I can reshuffle them.
Helen Green	Fine. Look, I've another meeting now, but I'll catch up with you later.
John Stevens	OK. See you later.

20 Einen Geschäftsvorschlag machen

Frau Groß	Guten Tag, Herr Steiner. Kommen Sie doch herein und nehmen Sie Platz!
Herr Steiner	Danke, Frau Groß.
Frau Groß	Sie wollten mich wegen der Lancierung unseres neuen Produktes sehen?
Herr Steiner	Ja, ich glaube, wir sollten das auf Dezember vorverlegen.
Frau Groß	Das könnte ein bißchen knapp werden. Haben Sie bestimmte Gründe dafür?
Herr Steiner	Also, wir würden damit noch ins Weihnachtsgeschäft kommen, was wichtig wäre. Und außerdem hätten wir einen Vorsprung vor der Konkurrenz.[1]
Frau Groß	Ich bin mir nicht sicher,[2] ob das die Leute in der Herstellung schaffen können.
Herr Steiner	Das ist eigentlich kein größeres Problem. Unsere Fabrik in Hamburg kann einen weiteren Teil der Produktion übernehmen. Wir haben freie Kapazitäten da.
Frau Groß	Haben Sie das schon mit Ihren Leuten vor Ort besprochen?
Herr Steiner	Ja und die sind sicher, daß sie damit zurechtkommen.
Frau Groß	Die Lancierung ist äußerst wichtig für uns. Wir dürfen uns dabei keine Fehler erlauben. Und wie steht es mit dem Werbeplan?
Herr Steiner	Das ist klar. Der Werbetext ist schon so gut wie fertig. Die Reklame könnte also leicht schon im Dezember herauskommen.
Frau Groß	Ja, das hätte sicher einige Vorteile, aber ich muß das alles erst mit dem Vorstand besprechen. Er hat morgen eine Sitzung um zwei. Geht das bei Ihnen?
Herr Steiner	Ich hab zwar ein paar Sachen zu tun, aber die lassen sich verschieben.
Frau Groß	Gut. Und jetzt habe ich gleich noch eine andere Besprechung, aber ich sehe Sie dann später.
Herr Steiner	OK. Also Tschüß!

1 *Konkurrenz* can be used in the sense of 'competition' (abstract), and 'competitors'. 'Competitors' can also be rendered as *Konkurrenten*.
2 *Mir* is not essential here.

21 Exploring business collaboration

Mr Berryman	Pleased to meet you, Monsieur Maurois, and thank you for arranging my hotel.
M. Maurois	The pleasure is mine, Mr Berryman. You wanted to discuss possible joint ventures with us.
Mr Berryman	Yes, we are both in building and civil engineering. We want to expand into Europe. You might find us useful partners.
M. Maurois	It's a pity we didn't begin these discussions three months ago; we recently wanted to bid for a stretch of motorway in this region but we did not quite have the resources.
Mr Berryman	Was there no local company you could combine with?
M. Maurois	Unfortunately we are the only firm in the region with the necessary expertise. You would have been a good partner – we have made a study of your past projects.
Mr Berryman	And we have studied yours, of course. We were thinking of the proposed port development just down the road.
M. Maurois	You are really on the ball Mr Berryman. We have just received the detailed specifications and were contemplating a tender.
Mr Berryman	And I have the spec in English in my briefcase! Shall we roll our sleeves up and work out a joint tender?

21 Besprechung der Möglichkeit eines Joint Venture Projekts

Mr Berryman	Freut mich, Sie kennenzulernen, Herr Manstein, und vielen Dank, daß Sie ein Hotel für mich organisiert haben.
Herr Manstein	Ganz meinerseits, Mr Berryman. Sie möchten die Möglichkeit eines Joint Venture Projekts für unsere Firmen besprechen, nicht wahr?
Mr Berryman	Ja. Unsere Firmen sind beide in der Baubranche und wollen ihre Geschäftstätigkeit auf ganz Europa ausdehnen. Das könnte eine äußerst fruchtbare Partnerschaft ergeben.
Herr Manstein	Wie schade, daß wir uns nicht schon vor drei Monaten darüber unterhalten konnten. Wir wollten damals ein Angebot für die Autobahnteilstrecke in dieser Gegend machen, aber es fehlte uns an den nötigen Mitteln.
Mr Berryman	Und in Kombination mit einer hiesigen Firma? War das nicht möglich?
Herr Manstein	Leider sind wir der einzige Betrieb in der Gegend mit der geeigneten Erfahrung und Sachkenntnis. Sie wären der richtige Partner für uns gewesen – wir haben Ihre bisherigen Projekte eingehend studiert.
Mr Berryman	Und wir selbstverständlich auch Ihre Projekte. Es gibt da diesen geplanten Hafenausbau gleich in der Nähe von Ihnen und da hätten wir gedacht.
Herr Manstein	Mr Berryman, Sie sind wirklich auf Draht! Wir haben gerade die genaue Baubeschreibung erhalten und erwägen, ein Angebot zu machen.
Mr Berryman	Und ich habe die Baubeschreibung auf englisch in meiner Aktentasche. Na, wollen wir uns die Ärmel aufkrempeln und ein gemeinsames Angebot ausarbeiten?

22 At the travel agent's

(a) Enquiry/booking

Passenger Could you give me details of flights to Wellington, New Zealand, please?

Booking clerk When do you wish to fly?

Passenger The first week of June.

Booking clerk Let me see. Which day do you want to depart?

Passenger Tuesday, if possible.

Booking clerk There's a flight leaving Sydney at 8 a.m. which gets into Wellington at 1 p.m. Do you want to make a booking?

Passenger How much is the flight?

Booking clerk It's 725 Australian dollars return.

Passenger Fine, OK. I'll take it.

(b) Changing a booking

Customer I'd like to change a flight reservation for Mr David Street.

Booking clerk Could you give me the flight details?

Customer BY567 to Rome on 21 March. Would it be possible to change it to 23 March?

Booking clerk I'll just check. That's OK. The flight leaves at the same time. I'll issue a new ticket and send it to you later today.

Customer Thank you.

22   Im Reisebüro

(a) Auskunft/Buchung

Reisender	Bitte können Sie mir Einzelheiten über Flüge nach London geben?
Angestellter	Wann möchten Sie fliegen?
Reisender	In der ersten Juniwoche.
Angestellter	Augenblick. An welchem Wochentag möchten Sie fliegen?
Reisender	Wenn möglich am Dienstag.
Angestellter	Es gibt einen Flug von München um 8 Uhr morgen. Ankunft in London um 10.30 Uhr Ortszeit. Möchten Sie den Flug buchen?
Reisender	Was kostet der Flug?
Angestellter	Dreihundert DM hin und zurück.[1]
Reisender	Ja, OK. Ich nehme den Flug.

1   Outward flight is *Hinflug*; 'return flight' is *Rückflug*.

(b) Änderung einer Buchung

Kunde	Ich möchte die Flugreservierung für Herrn David Strasser ändern, bitte.
Angestellter	Können Sie mir die Einzelheiten seines Fluges geben?
Kunde	Flug BY567 nach Rom am 21. März. Können Sie das auf den 23. März ändern?
Angestellter	Augenblick, ich sehe nach. Ja, das ist OK. Der Flug geht zur selben Zeit. Ich stelle ein neues Ticket aus und schicke es noch heute an Sie ab.
Kunde	Danke schön.

(c) Flight cancellation

Customer	I'm ringing on behalf of Mrs Mary Thomas. She's booked on a flight to Capetown next Thursday, but she has unfortunately fallen ill. Can she get a refund on her ticket?
Booking clerk	How did she pay?
Customer	By cheque, I think.
Booking clerk	If she took out travel insurance she will be able to get her money back, if her doctor signs a certificate.
Customer	I'd better ask her if she took out any insurance and then I'll get back to you.

23 Checking in at the airport

Assistant	Good evening, sir. Can I have your ticket and passport?
Passenger	Certainly.
Assistant	Are you travelling alone?
Passenger	Yes, that's right.
Assistant	How many items of luggage are you checking in?
Passenger	Just this case.
Assistant	Can you put it on the belt, please? Did you pack it yourself?
Passenger	Yes.
Assistant	Are there any electrical items in it?
Passenger	No, they're in my hand baggage.
Assistant	What are they?
Passenger	An electric shaver and a lap-top computer.
Assistant	That's fine. Do you want smoking or non-smoking?
Passenger	Non-smoking please.

(c) Flugstornierung

Kunde	Ich rufe an im Auftrag von Frau Thomas. Sie ist auf einen Flug[1] nach Kapstadt nächsten Donnerstag gebucht, aber sie ist jetzt leider krank. Kann sie das Geld für den Flugschein zurückbekommen?
Angestellter	Wie hat sie dafür gezahlt?
Kunde	Mit Scheck, glaube ich.
Angestellter	Wenn sie eine Reiseversicherung eingegangen ist und ein ärztliches Attest vorlegt, kann sie ihr Geld zurückerhalten.
Kunde	Ich frage sie da besser wegen der Versicherung und rufe Sie dann später zurück.

1 *Auf einen Flug gebucht*: accusative rather than dative.

23 Bei der Flugabfertigung (einchecken)

Bodenpersonal	Guten Abend. Bitte Ihren Flugschein und Paß!
Reisender	Bitte sehr.
Bodenpersonal	Reisen Sie allein?
Reisender	Ja.
Bodenpersonal	Wieviele Gepäckstücke checken Sie ein?
Reisender	Nur diesen Koffer.
Bodenpersonal	Bitte stellen Sie ihn auf das Förderband! Haben Sie ihn selbst gepackt?
Reisender	Ja.
Bodenpersonal	Haben Sie elektrische Geräte im Koffer?
Reisender	Nein, nur im Handgepäck.
Bodenpersonal	Welche?
Reisender	Einen Elektrorasierer und einen Laptop-Computer.[1]
Bodenpersonal	In Ordnung. Möchten Sie Raucher oder Nichtraucher?
Reisender	Nichtraucher, bitte!

1 The accusatives are required because the nouns are in apposition with *elektrische Geräte* above. (*Haben Sie ...*).

24 Checking in at a hotel

Receptionist	Good afternoon, madam.
Guest	Good afternoon. I have a reservation in the name of Battersby.
Receptionist	A single room for two nights?
Guest	Surely that was changed to a double room? My husband is due to join me later this evening.
Receptionist	One moment please; I'll just check. Oh, yes, there is a note to that effect. Will you be having dinner at the hotel?
Guest	Yes, dinner for one. Can I also order an early call tomorrow morning and can we have a newspaper?
Receptionist	At 6 o'clock, 6.30?
Guest	That's too early. Say 7 o'clock. And could we have a copy of *The Times*?
Receptionist	I am sorry but we will not have the London *Times* until tomorrow afternoon. Would you like the *Herald Tribune* or perhaps a German newspaper?
Guest	No, thank you. I'll leave it. I'll need a taxi in half an hour. Can you call one for me? And what time is dinner by the way?

24 Hotelanmeldung

Empfang	Guten Tag.
Gast	Guten Tag. Ich habe eine Reservierung unter dem Namen Battersby.[1]
Empfang	Ist das ein Einzelzimmer für zwei Nächte?
Gast	Aber das wurde doch geändert auf ein Doppelzimmer! Ich erwarte meinen Mann hier am späten Abend.
Empfang	Einen Moment, bitte. Ich sehe nach. Ach ja, hier ist eine Anmerkung mit der Änderung. Möchten Sie das Abendessen im Hotel?
Gast	Ja. Für eine Person. Und können Sie uns auch morgen früh wecken lassen, ja? Wir hätten auch gern eine Zeitung.
Empfang	Ja. Um sechs Uhr oder halb sieben?
Gast	Nein. Das ist zu früh. Sagen wir sieben Uhr. Und wir nehmen die *Times*.
Empfang	Leider bekommen wir die Londoner *Times* erst morgen nachmittag. Möchten Sie statt dessen den *Herald Tribune* oder vielleicht eine deutsche Zeitung?
Gast	Nein, danke. Dann keine Zeitung. Ich brauche in einer halben Stunde ein Taxi. Können Sie mir bitte eines bestellen? Oh, und um wieviel Uhr ist Abendessen?

1 *Unter dem Namen*, 'in the name of'. Note the preposition here.

25 Checking out of a hotel

Guest	I would like to check out now.
Receptionist	Certainly, sir. What is your room number?
Guest	324.
Receptionist	Mr Lawrence? Did you make any phone calls this morning? Have you used the mini-bar?
Guest	No, I haven't made any calls since yesterday evening. Here is my mini-bar slip.
Receptionist	Thank you. Would you be so kind as to fill in the hotel questionnaire while I total your bill? How do you wish to pay?
Guest	By credit card.
Receptionist	Fine. I'll just be a minute. There you are, Mr Lawrence. Thank you very much.

25 Abreise

Gast	Ich reise ab. Können Sie mir die Rechnung ausstellen?
Empfang	Gerne. Was ist Ihre Zimmernummer, bitte?
Gast	Dreihundertvierundzwanzig (324).
Empfang	Herr Lawrence? Haben Sie heute morgen noch telefoniert? Haben Sie die Minibar benützt?
Gast	Nein. Mein letzter Anruf war gestern abend. Und hier ist mein Minibarzettel.
Empfang	Würden Sie bitte so freundlich sein und den Hotelfragebogen ausfüllen? Ich mache einstweilen Ihre Rechnung fertig. Wie möchten Sie bezahlen?
Gast	Mit Kreditkarte.
Empfang	Schön. Einen Moment, bitte. So, Herr Lawrence. Und besten Dank!

26 Ordering a meal in a restaurant

Waitress	Good afternoon, madam. Would you like the menu?
Customer 1	Yes, thank you. And may we have a dry white wine and a pint of lager whilst we are choosing our meal?
Waitress	Certainly. Here is the menu; we also have a chef's special set meal at 15 dollars.

* * *

Customer 1	Would you like to have a look first?
Customer 2	No. I'll have what you recommend as you know the local cuisine far better than I do. But I'm looking forward to my lager.
Customer 1	Fine. Here come the drinks, anyway. May we have two hors d'œuvres? And for the main course two pepper steaks with mixed vegetables and jacket potatoes. I think we'll also have a bottle of house red with the steak.
Waitress	So, a bottle of red, two hors d'œuvres and two pepper steaks. How would you like the steaks cooked?
Customer 2	Well done for me, please.
Customer 1	Medium for me.

* * *

Waitress	Have you enjoyed your meal?
Customer 1	Yes, it was fine, thank you. I think we'll skip the sweet as we are running a bit late. Just two black coffees and the bill, please.

* * *

Waitress	Your coffee and the bill, madam. Could you pay the head waiter at the till when you leave?
Customer 1	Of course. And this is for you. Many thanks.
Waitress	Thank you, madam. I'm glad you enjoyed your meal.

26 Bestellen im Restaurant

Kellnerin	Guten Tag. Möchten Sie die Speisekarte, bitte?
1. Gast	Ja, bitte. Und wir möchten einstweilen ein Glas trockenen Weißwein und ein großes Bier.
Kellnerin	Gerne. Hier ist die Karte. Wir haben auch ein Spezialmenü zu 25,– DM.

* * *

1. Gast	Wählen Sie zuerst, bitte!
2. Gast	Nein, ich nehme, was Sie mir empfehlen, denn Sie kennen die hiesige Küche besser als ich. Aber ich freue mich auf mein Bier.
1. Gast	Wunderbar. Hier kommen schon die Getränke. Können wir zweimal die Backerbsensuppe haben und als Hauptspeise zweimal Pfeffersteak mit Gemüseallerlei und Kartoffeln in der Schale? Und zum Steak nehmen wir eine Flasche roten Hauswein.
Kellnerin	Also, eine Flasche Rotwein, zwei Suppen und zwei Pfeffersteaks. Wie möchten Sie die Steaks, bitte?
2. Gast	Gut durch für mich, bitte!
1. Gast	Halb durch für mich.

* * *

Kellnerin	Hat es Ihnen geschmeckt?[1]
1. Gast	Ja, sehr gut, danke. Aber leider bleibt uns keine Zeit mehr für die Nachspeise. Bringen Sie uns noch zwei kleine Mokka und die Rechnung, bitte!

* * *

Kellnerin	Hier ist Ihr Kaffee und die Rechnung. Können Sie bitte beim Ober an der Kasse bezahlen, wenn Sie gehen?
1. Gast	Natürlich. Und das ist für Sie – vielen Dank!
Kellnerin	Ich danke Ihnen. Freut mich, daß es Ihnen geschmeckt hat.

1   A standard expression. It is possible to abbreviate it to *hat's geschmeckt?*

27 Verifying a bill

Waiter	Yes sir? Did you enjoy your meal?
Customer	Yes, but can I check the bill with you?
Waiter	Certainly – is there a problem?
Customer	I think there might be a mistake – we had four set menus at £15 and also the aperitifs and the wine.
Waiter	Yes?
Customer	But what's this item here?
Waiter	Four whiskies, sir. £10.
Customer	But we didn't have any!
Waiter	Just a moment sir, I'll check it for you. . . . Sorry, my mistake. I'll get you an amended bill at once.
Customer	Thank you.

27 Überprüfung einer Rechnung

Kellnerin	Bitte schön! Hat's geschmeckt?
Gast	Ja, aber kann ich bitte die Rechnung noch überprüfen?
Kellnerin	Gerne. Gibt es ein Problem?
Gast	Ich glaube, da ist hier ein Fehler – wir hatten vier Menüs zu 35,– DM und auch die Aperitife und den Wein.
Kellnerin	Ja?
Gast	Aber was bedeutet dieser Rechnungsposten hier?
Kellnerin	Das ist für vier Whisky. Dreiundzwanzig DM.
Gast	Aber wir hatten doch keinen!
Kellnerin	Einen Augenblick, bitte. Ich sehe das für Sie nach . . . Es tut mir leid, das war mein Fehler.[1] Ich bringe Ihnen sofort eine neue Rechnung.
Gast	Danke.

---

1 'To make a mistake' in adding up bill, etc, *sich verrechnen* (e.g. *ich habe mich verrechnet*).

28 Drawing up a schedule of visits for reps

Senior representative	Thanks for coming to this meeting. I thought it would be useful to discuss areas for the autumn quarter.
Representative 2	Conveniently enough the schedule of leads and follow-up visits shows a roughly equal split between the northwest, northeast and southwest regions.
Representative 3	We need to consider what to do about the lack of interest in our products in the southeast.
Senior representative	There is also a scattering of trade fairs that one or other of us should attend, including one in Marseilles in mid-September.
Representative 2	Perhaps we should all be there to work out a strategy for the southeast. And we could all be at the Paris Salon des Arts Ménagers in early November.
Representative 3	Good idea. I have some contacts that might help. We'll proceed by regions as originally suggested. Me in Bordeaux, Edwin in Lille and Fred in Strasbourg?
Senior representative	Seems OK to me. Are you happy, Fred? Apart from the Marseilles and Paris fairs we can each do our regional fairs individually.
Representative 2	I am happy with that. Same budget as last year?
Senior representative	I am glad you asked. The operating budget has been increased by a meagre 5 per cent. Any requests for increased staffing need to be justified by an increase in business.
Representative 3	So what else is new? Let's get those dates in our diaries.

28 Erstellung eines Plans für Vertreterbesuche

Hauptvertreterin	Danke, daß ihr zur Besprechung gekommen seid. Ich dachte, es wäre nützlich, über unsere Gebiete im Hinblick auf das Herbstquartal zu sprechen.
2. Vertreter	Da trifft es sich ja günstig, daß sich Kontaktnahme und nachfassende Besuche auf unserer Liste im wesentlichen gleichmäßig auf die Regionen Nordwest, Nordost und Südwest verteilen.
3. Vertreter	Wir müssen uns also überlegen, was gegen den Mangel an Interesse für unsere Produkte im Gebiet Südost unternommen werden kann.
Hauptvertreterin	Es gibt da ein paar Messen, die der eine oder andere von uns besuchen könnte, einschließlich der Gewerbeausstellung in Marseille Mitte September.
2. Vertreter	Vielleicht sollten wir alle drei hinfahren und eine Taktik für den Südosten ausarbeiten. Anfang November[1] könnten wir dann alle auf der Haushaltsmesse in Paris sein.
3. Vertreter	Gute Idee. Ich habe da ein paar nützliche Kontakte. Wie ist es, bleiben wir bei unseren ursprünglichen Regionen? Ich in Bordeaux, der Egon in Lille und der Fredi in Straßburg?
Hauptvertreterin	Scheint mir OK. Was meinst du, Fredi? Abgesehen von den Messen in Marseille und Paris kann jeder auf die Ausstellungen in seinem Gebiet allein fahren.
2. Vertreter	Einverstanden. Haben wir dasselbe Budget wie im Vorjahr?
Hauptvertreterin	Gut, daß du fragst. Das Betriebsbudget wurde um[2] mickrige 5% erhöht. Jede Neuanforderung von Personal muß durch eine Geschäftszunahme gerechtfertigt werden.
3. Vertreter	Also alles wie gehabt! Füllen wir unsere Terminkalender aus!

1 When *Anfang Mitte* or *Ende* are used in the temporal sense, they do not require a preposition: *Ende November*, 'at the end of November'; *am Ende der Straße*, 'at the end of the street'.
2 *Erhöhen um*, 'to increase by'; *erhöhen auf*, 'to increase to'.

29 Conducted visit of a department

Guide	Before I show you round the department, come and meet my deputy, Frederick Fallon.
Miss Smith	Pleased to meet you, Mr Fallon.
Frederick Fallon	Welcome to the department, Miss Smith.
Guide	Frederick is responsible for the day-to-day running of the department. I'll take you round now. This is the general office, with Mrs Jones looking after reception and typists and PC operators.
Miss Smith	How many secretaries work for Mrs Jones?
Guide	Normally five. One is currently on sick leave and one on holiday. . . . This is the overseas sales office. They have their own fax machines and deal directly with our agents in Europe. . . . And this is the design section. Most of their work is now done by CAD/CAM. They've got some of the most sophisticated computer equipment in the company. Let me introduce you to David Hall. David, this is Miss Smith.
David Hall	Pleased to meet you, Miss Smith.
Guide	David has four designers working for him. And finally, this is Ted Stolzfuss, who is over here from our American parent company. Ted is with us to look at the way we operate in Europe. Ted, meet Miss Smith.

29 Besichtigung einer Betriebsabteilung

Führer	Bevor ich Ihnen die Abteilung zeige, möchte ich Sie mit meinem Stellvertreter, Herrn Fellner, bekanntmachen.
Frau Schmid	Freut mich, Sie kennenzulernen, Herr Fellner!
Herr Fellner	Willkommen in unserer Abteilung, Frau Schmid!
Führer	Herr Fellner ist verantwortlich für den geregelten Ablauf des Abteilungsbetriebs. Ich führe Sie jetzt weiter. Hier ist das Hauptsekretariat einschließlich Schreibdienst, Empfang, und EDV. Frau Jonas hat die Leitung hier.
Frau Schmid	Wieviele Sekretärinnen werden hier beschäftigt?
Führer	Normalerweise fünf. Eine ist zur Zeit im Krankenstand und eine andere ist auf Urlaub. . . . Hier ist die Auslandsabteilung. Sie haben da ihre eigenen Faxgeräte und stehen in direkter Verbindung mit unseren Vertretungen. . . . Und das ist unser Konstruktionsbüro. Es wird hier fast ausschließlich nur mit CAD/CAM gearbeitet. Die Computer gehören zu[1] den technisch raffiniertesten Geräten in unserer Firma. Darf ich Ihnen Herrn Holter vorstellen? Herr Holter, das ist Frau Schmid.
Herr Holter	Angenehm.[2]
Führer	Herr Holter hat einen Mitarbeiterstab von vier Konstrukteuren. Und hier ist Herr Stolzfuss von unserer amerikanischen Mutterfirma. Er informiert sich bei uns über die Geschäftspraxis in Europa. Herr Stolzfuss, Frau Schmid.

1 *Gehören zu*, 'belong to' (in the sense of 'are part of the group'). 'To belong to' in the sense of 'possession' is *gehören* + dative (*das Buch gehört mir*).
2 A variation on *freut mich*.

30 Informal job interview

Personnel manager	Good morning, Ms Jiménez, and welcome. I hope you had no trouble getting here.
Gloria Jiménez	Good morning. Thank you, it was nice of you to invite me in for a chat.
Personnel manager	First, let me introduce you to Brian Arthur, who is in charge of advertising. As you can see, he's always snowed under with work, eh Brian? Gloria Jiménez, Brian Arthur.
Brian Arthur	Pleased to meet you. Don't take her too seriously, Gloria, you'll see for yourself when you start next week.
Gloria Jiménez	How many staff do you have in this department?
Brian Arthur	Seven fulltimers and a couple of freelancers who help out when we have special projects on.
Gloria Jiménez	It looks a friendly set-up, anyway.
Personnel manager	Yes, you're right, they are one of our most efficient and successful departments. Would you like to meet James, with whom you will be working most closely? He is our art director.
Gloria Jiménez	Fine. Has he been with the company for a long time?
Personnel manager	No, he was brought in recently when the company merged. Oh, it looks as if he's in a meeting, so we'll wait here and talk a bit more about you. How did you get into commercial design?
Gloria Jiménez	After university I realized that there were good prospects for young people with ideas in the field of design and advertising, so I took a course in advertising in Seville not long before the World Fair was awarded to the city.
Personnel manager	Did you actually work on the World Fair project?
Gloria Jiménez	Yes, my first job was with a Japanese agency that was promoting its high-tech industries, and I carried on until the Fair closed last year.
Personnel manager	That sounds just the sort of experience we are looking for. Ah, here comes James ...

30 Vorstellungsgespräch (nicht formell)

Personalleiterin	Guten Tag, Frau Jiménez. Herzlich willkommen! Ich hoffe, Sie hatten eine gute Reise.
Gloria Jiménez	Guten Tag. Ja, danke. Es ist sehr freundlich von Ihnen, mich zu einem Gespräch einzuladen.
Personalleiterin	Darf ich Ihnen gleich einmal den Werbeleiter, Herrn Benno Artberg, vorstellen? Wie Sie sehen, ist er wie immer mit Arbeit reichlich eingedeckt, – was, Benno? Benno Artberg, Gloria Jiménez.
Benno Artberg	Freut mich sehr. Nehmen Sie sie nicht zu ernst, Frau Jiménez! Sie werden ja sehen, wenn Sie nächste Woche hier anfangen.
Gloria Jiménez	Wieviele Mitarbeiter beschäftigen Sie eigentlich in dieser Abteilung?
Benno Artberg	Sieben sind vollbeschäftigt und bei speziellen Projekten stellen wir Freiberufler zur Aushilfe ein.
Gloria Jiménez	Es scheint hier ja sehr freundlich zuzugehen.
Personalleiterin	Stimmt. Doch die Abteilung ist auch eine unserer tüchtigsten und erfolgreichsten. Und jetzt führe ich Sie zu unserem Chefgraphiker, Uwe Jansen, mit dem Sie am meisten zusammenarbeiten werden.
Gloria Jiménez	Schön. Ist er schon lange bei der Firma?
Personalleiterin	Nein. Er ist erst kürzlich durch den Firmenzusammenschluß zu uns gekommen. Oh, es scheint, daß er gerade bei einer Besprechung ist. Wollen wir hier warten und uns noch ein wenig über Sie unterhalten? Wie sind Sie eigentlich zur Werbegraphik gekommen?
Gloria Jiménez	Nach meinem Studium habe ich bemerkt, daß es gute Aussichten für junge Leute in der Werbebranche gibt und da habe ich einen Ausbildungskurs in Sevilla gemacht. Das war kurz bevor die Veranstaltung der Weltausstellung an Sevilla ging.
Personalleiterin	Und waren Sie eigentlich auch in der Weltausstellung tätig?
Gloria Jiménez	Ja. Meine erste Stelle war bei einer japanischen Agentur, die für die High-Tech-Industrie Werbung machte. Ich war bis zum Ende der Weltausstellung bei dieser Firma.
Personalleiterin	Das ist genau die Art von Berufserfahrung, die wir suchen. Ah, hier kommt Herr Jansen.

31 Formal job interview

Part 1

Interviewer	Do come in, Ms Hellington, and take a seat.
Ms Hellington	Thank you.
Interviewer	Well, if I can make a start, can you tell us why you want this particular post?
Ms Hellington	As I said in my application, I'm working with quite a small company at the moment. My promotion prospects are limited because of that.
Interviewer	So that is your main reason?
Ms Hellington	Not just that. I've been with the company for five years now, and although I found the work interesting at first, I now feel that I want a more varied post which is more challenging.
Interviewer	You feel that you'll find that here?
Ms Hellington	Yes, I do. You're a big company in the process of expansion, and the department I'd be working in would give me much more variety.
Interviewer	Do you think that moving from a small department to a much larger one would be a problem?
Ms Hellington	It would be rather new at first, but I was working with a big company before my present job, and I do integrate well. So I'm confident that I can make the change.

31 Vorstellungsgespräch (formell)

Erster Teil

Leiter des Vorstellungsgesprächs	Bitte, kommen Sie herein und nehmen Sie Platz, Frau Hellinger!
Frau Hellinger	Danke.
Leiter des Vorstellungsgesprächs	Also, ich darf Sie zu Beginn gleich fragen, warum Sie sich für diese Stelle interessieren.
Frau Hellinger	Wie ich schon in meinem Bewerbungsschreiben erwähnte, bin ich zur Zeit bei einer kleinen Firma beschäftigt und da sind die Aufstiegsmöglichkeiten ziemlich begrenzt.
Leiter des Vorstellungsgesprächs	Und ist das der Hauptgrund?
Frau Hellinger	Nein, eigentlich nicht. Ich bin bei dieser Firma jetzt schon fünf Jahre, und obwohl ich die Arbeit anfangs interessant gefunden habe, möchte ich nun eine Stelle, in der ich stärker gefordert werde und die mehr Abwechslung[1] bietet.
Leiter des Vorstellungsgesprächs	Und Sie glauben das hier zu finden?
Frau Hellinger	Ja, bestimmt. Ihr Unternehmen ist groß und in Ausdehnung begriffen. Die Abteilung, in der ich arbeiten würde, gäbe mir viel mehr Spielraum.
Leiter des Vorstellungsgesprächs	Meinen Sie nicht, daß ein Wechsel von einer kleinen zu einer viel größeren Abteilung Probleme mit sich bringen könnte?
Frau Hellinger	Sicher wäre am Anfang alles neu für mich, aber vor meiner jetzigen Stellung war ich schon in einem Großbetrieb tätig. Ich bin überzeugt, daß ich bei meiner Anpassungsfähigkeit die Umstellung gut schaffen würde.

1 *Abwechslung* 'change', 'variety'. 'For a change', *zur Abwechslung*.

Part 2

Interviewer	As you know, we're a multinational organization, and that means that one of the things we're looking for in this post is a competence in languages.
Ms Hellington	Yes, well, as you'll see from my CV I studied German and Spanish at school, and I've lived and worked in France for several years.
Interviewer	How would you describe your language competence?
Ms Hellington	My French is fluent, and I can still remember the basics in German and Spanish.
Interviewer	What if we asked you to take further language training?
Ms Hellington	I'd welcome that. I feel that it's important to get them to as high a level as possible.
Interviewer	Fine. On another issue: if we were to offer you the post, when could you take it up?
Ms Hellington	In two months. I'm working on a project in my current post, and I'd like to see that through first. Would that be a problem?
Interviewer	I don't think so, but I'd have to check with the department before confirming, of course. Well now, are there any questions you want to ask us?
Ms Hellington	Just two: you mention your management training programme in your company brochure. Can you tell me more about it?
Interviewer	Yes, we expect all our middle managers to try to reach their full potential through self-development. We help them in that by running a series of in-house residential training courses.
Ms Hellington	How often?
Interviewer	Three or four times a year, and we expect everyone to attend them, as far as possible.
Ms Hellington	That's fine. One other question, if I may?
Interviewer	Certainly.
Ms Hellington	When will I hear if I've got the job?

Zweiter Teil

Leiter des Vorstellungsgesprächs	Da wir bekanntlich eine multinationale Organisation sind, bedeuten Fremdsprachenkenntnisse einen wichtigen Aspekt dieser Stellung.
Frau Hellinger	Ja, also wie Sie meinem Lebenslauf entnehmen[1] können, habe ich in der Schule Englisch und Spanisch gelernt und dann habe ich mehrere Jahre in Frankreich gelebt und gearbeitet.
Leiter des Vorstellungsgesprächs	Wie würden Sie denn selbst Ihre Sprachfähigkeiten beschreiben?
Frau Hellinger	Mein Französisch ist perfekt und ich habe Grundkenntnisse im Englischen und Spanischen.
Leiter des Vorstellungsgesprächs	Was würden Sie davon halten, wenn Sie einen Perfektionskurs zu besuchen hätten?
Frau Hellinger	Ich würde das sehr begrüßen. Ich meine, es ist wichtig, Sprachkenntnisse auf ein höchstmögliches Niveau zu bringen.
Leiter des Vorstellungsgesprächs	Schön. Und nun etwas anderes: falls wir Ihnen die Stelle anbieten, wann könnten Sie frühestens bei uns anfangen?
Frau Hellinger	In zwei Monaten. In meiner jetzigen Stelle bin ich an einem Projekt beschäftigt, das ich gerne abschließen würde. Wäre das ein Problem?
Leiter des Vorstellungsgesprächs	Ich glaube nicht. Aber ich muß das zur Sicherheit natürlich erst in der Abteilung besprechen. Und nun, gibt es irgendwelche Fragen, die Sie uns stellen möchten?
Frau Hellinger	Eigentlich nur zwei. Sie erwähnten das Ausbildungsprogramm für Führungskräfte in den Informationen über Ihre Organisation. Können Sie mir etwas mehr darüber sagen?
Leiter des Vorstellungsgesprächs	Ja, es liegt uns daran, daß unsere Mitarbeiter im mittleren Management ihr volles Potential entfalten können. Wir helfen ihnen dabei durch die Abhaltung von Schulungskursen vor Ort.[2]
Frau Hellinger	Wie oft?
Leiter des Vorstellungsgesprächs	Dreimal im Jahr. Und wir erwarten, daß alle soweit möglich daran teilnehmen.
Frau Hellinger	Gut. Und dann hätte ich noch eine Frage, bitte.
Leiter des Vorstellungsgesprächs	Gern.
Frau Hellinger	Wann werde ich hören, ob ich die Stelle bekommen habe?

Interviewer	We'll be contacting the successful candidate by phone this evening, and we'll be writing to the others.
Ms Hellington	Thanks very much.
Interviewer	Well, thank you for coming to the interview, Ms Hellington. Goodbye.
Ms Hellington	Goodbye.

Leiter des *Vorstellungsgesprächs*	Der erfolgreiche Bewerber wird noch heute abend telefonisch benachrichtigt. Alle anderen hören schriftlich von uns.
Frau Hellinger	Vielen Dank.
Leiter des *Vorstellungsgesprächs*	Frau Hellinger, wir danken Ihnen für das Gespräch. Guten Tag.
Frau Hellinger	Guten Tag.

1 Alternative: *Wie Sie aus meinem Lebenslauf ersehen.*
2 *Vor Ort,* 'on site'.

Part 3

Ms Hellington	Hello. Jane Hellington.
Brendan Carter	Good evening, Ms Hellington. Brendan Carter here, from Keystone Engineering. I'm ringing to offer you the post here.
Ms Hellington	Really? Well, thank you very much!
Brendan Carter	The first question I must ask is whether or not you wish to accept the post.
Ms Hellington	Yes, I do. Thank you.
Brendan Carter	The starting salary, as we agreed, would be £. . ., with a salary review after your first six months.
Ms Hellington	Yes, that's fine.
Brendan Carter	When could you start?
Ms Hellington	As I explained at the interview, there is a project I'm working on at the moment that I'd like to see through. So if possible I'd like to start in two months.
Brendan Carter	Shall we say the 1st of June, then?
Ms Hellington	Probably. I'll just need to discuss things with my present employer first. I'll do that after I get your offer in writing, and then ring you.
Brendan Carter	You'll need to get down here a few times before, of course, to meet one or two people and get the feel of the place.
Ms Hellington	Yes, certainly. I'd like to do that.
Brendan Carter	Well then, I'll get our personnel people to send the formal written offer to you. That should be with you in a couple of days.
Ms Hellington	Thank you for offering me the post.
Brendan Carter	Look forward to working with you. Bye.
Ms Hellington	Goodbye.

Dritter Teil

Frau Hellinger	Hallo. Hellinger.
Herr Kortner	Guten Abend, Frau Hellinger. Hier spricht Bernhard Kortner von der Firma Schüßler Maschinenbau. Ich kann Ihnen die Stelle hier bei uns anbieten.
Frau Hellinger	Wirklich? Also vielen herzlichen Dank!
Herr Kortner	Zuerst muß ich Sie aber fragen, ob Sie die Stelle annehmen wollen.
Frau Hellinger	Ja, gerne.
Herr Kortner	Ihr Anfangsgehalt beträgt wie vereinbart DM 8000, mit einer Aufbesserung nach den ersten sechs Monaten.
Frau Hellinger	Sehr gut.
Herr Kortner	Wann können Sie anfangen?
Frau Hellinger	Wie ich schon beim Interview erklärte, möchte ich das Projekt, an dem ich zur Zeit arbeite, noch abschließen. Also, wenn das geht, würde ich gerne in zwei Monaten anfangen.
Herr Kortner	Sagen wir dann am 1. Juni?
Frau Hellinger	Wahrscheinlich. Ich muß das aber erst mit meinem jetzigen Arbeitgeber besprechen, nachdem ich Ihr Angebot schriftlich erhalten habe. Daraufhin werde ich Sie anrufen.
Herr Kortner	Es wäre natürlich günstig, wenn Sie vor Ihrem Arbeitsantritt ein paar Mal hierherkommen könnten, damit Sie Ihre Mitarbeiter kennenlernen und sich auf Ihre neuen Aufgaben einstellen können.
Frau Hellinger	Ja, sicher. Das würde ich sehr gerne.
Herr Kortner	Also, dann sage ich der Personalabteilung Bescheid, daß Ihnen das offizielle Angebot schriftlich gemacht wird. Es dürfte in zwei Tagen dann bei Ihnen sein.
Frau Hellinger	Nochmals vielen Dank für Ihr Angebot.
Herr Kortner	Ich freue mich auf die Zusammenarbeit mit Ihnen. Auf Wiederhören.
Frau Hellinger	Auf Wiederhören.

32 Planning a budget

Managing director	All right, if I can open the meeting. This need not be too formal but I hardly need to say how important it is. We've all received a copy of our balance sheet.
Director 2	It makes very pleasant reading, 11 per cent growth on the preceding year . . .
Managing director	Don't get carried away, Derek. I've looked at our orders and would suggest that we should not budget for more than 5 per cent growth in the coming year.
Director 2	Does that mean an average 5 per cent increase in expenditure all round?
Director 3	Most of the increase will be forced on us. We have got to give the staff a cost of living increase, fuel for the vans is bound to increase by at least 5 per cent.
Managing director	We certainly cannot recruit extra staff at this point so I agree with that. Is there any equipment we need to replace?
Director 2	The production stuff is in good nick and we have at least 20 per cent spare capacity. The vans are OK, not too much mileage.
Director 3	Natasha needs a new printer and we could all do with a higher spec photocopier. We probably need to up our marketing effort.
Managing director	I am relying on you to watch the monthly cash flow like a hawk, Bill. Most of my time is taken looking for new business. What about production costs?
Director 2	I reckon we can increase production by 10 per cent with hardly any extra cost and no danger. How about that!
Managing director	And the bank is happy with the state of our overdraft. That all looks fairly satisfactory. As long as we continue to slave away.

32 Budgetplanung

Geschäftsführer	Also, wir eröffnen nun die Sitzung. Das braucht nicht so formell zu sein, aber ich muß nicht besonders betonen, wie wichtig die Sache ist. Wir haben alle unsere Kopie der Bilanz erhalten.
2. Direktor	Das sieht sehr positiv aus. Elf Prozent Wachstum im Vergleich mit dem Vorjahr.
Geschäftsführer	Ja, aber bleiben wir auf dem Boden. Ich habe mir unsere Auftragslage angesehen, und ich schlage vor, daß wir für nicht mehr als 5% Wachstum im kommenden Jahr veranschlagen.
2. Direktor	Bedeutet das eine durchschnittliche Erhöhung von 5% für allgemeine Aufwendungen?
3. Direktorin	Die meisten Erhöhungen sind unvermeidbar. Wir müssen unserer Belegschaft eine Lebenshaltungskostenzulage geben, der Treibstoff für unsere Transportfahrzeuge wird bestimmt um mindestens 5% teurer werden.
Geschäftsführer	Und auf jeden Fall können wir uns zur Zeit keine Neueinstellungen leisten. Aber müssen irgendwelche Geräte erneuert werden?
2. Direktor	Die Produktionsmaschinen sind in gutem Zustand und wir haben mindestens 20% freie Kapazität. Die Lastwagen sind OK, nicht zu stark abgefahren.
3. Direktorin	Frau Neuber benötigt einen neuen Drucker und wir könnten ein neues Hochleistungskopiergerät[1] gut gebrauchen, besonders wenn wir uns in Zukunft um ein verstärktes Marketing bemühen müssen.
Geschäftsführer	Ich verlasse mich darauf, daß Sie unseren monatlichen Cash Flow mit Argusaugen verfolgen. Ich werde mich hauptsächlich darauf verlegen, neue Geschäftsmöglichkeiten zu finden. Und wie steht es mit den Herstellungskosten?
2. Direktor	Ich schätze, wir können die Produktion ohne nennenswerte Kostensteigerung ruhig um 10% erhöhen. Was sagen Sie dazu!
Geschäftsführer	Und die Bank hat gegen den Stand unserer Kontoüberziehung[2] nichts einzuwenden. Also alles bestens und sonst weiterschuften[3] wie bisher.

1 *Hochleistungs* ... in any compound implies 'high speed'/'high efficiency'. 'Efficiency' is *Leistungsfähigkeit*.
2 'Overdrawn' would be *überzogen*.
3 *Schuften*, 'slave away', 'slog' (very colloquial).

33 Organizing a product launch

Albert Archer   My suggestion is that we hire a river cruiser and take our key accounts for an evening cruise and dinner. After dinner we can unveil our new range of services.

Brian Ball   Do you think that'll be enough?

Albert Archer   Well, when we've informed the key accounts, we can do some promotion in the trade press – some ads and, if possible, a press release. The key accounts managers will just have to keep in touch with their clients. We'll have to wait and see what response we get from the trade journals.

Brian Ball   OK. Let's go ahead with this. Do you want me to get Kevin started on the arrangements?

Albert Archer   Yes, you might as well. By the way, what about hospitality for the press? Couldn't we invite them to the Clubroom for a special presentation?

Brian Ball   Good idea! I'll get Kevin to see to it.

33 Einführung eines Produktes

Herr Altdorfer   Mein Vorschlag wäre, daß wir einen Flußdampfer mieten und unsere wichtigsten Kunden zu einem Schiffsausflug mit Abendessen an Bord einladen. Nach dem Essen können wir dann unsere neuen Dienstleistungen präsentieren.

Herr Barth   Glauben Sie, daß das genug ist?

Herr Altdorfer   Also, nachdem wir unsere Hauptkunden informiert haben, könnten wir Werbung in der Branchenpresse machen – ein paar Anzeigen und eine Pressemitteilung vielleicht. Unsere Hauptabnehmer[1] werden wohl ihre eigenen Kunden informieren. Und dann wollen wir sehen, wie die Fachzeitschriften[2] reagieren.

Herr Barth   OK. Also gut, machen wir das! Soll ich Herrn Kurz ersuchen, die Sache in die Wege zu leiten?

Herr Altdorfer   Ja, warum nicht. Übrigens, wie ist das mit der Bewirtung der Presseleute? Könnten wir sie vielleicht in den Klubraum zu einer eigenen Präsentation einladen?

Herr Barth   Gute Idee! Ich sage Herrn Kurz Bescheid.

1 Alternative: *Hauptkunden*.
2 *Fachpresse* = 'specialist'/'trade press'.

34 Contacting official agencies

(a) Chamber of Commerce

Roberto Comas	How do you do? I'm Roberto Comas, from Textiles Paloma.
Arturo Castro	Pleased to meet you. Arturo Castro. My staff told me you were going to come by this morning. How can we help?
Roberto Comas	We are thinking of expanding the business, especially to focus on the '30 to 50' market, and we were advised to seek your views on how and where best to establish retail outlets for our fashion products.
Arturo Castro	Well, Sr Comas. I hope you will join the Chamber as and when you set up in the city, but for the time being you are welcome to our assistance.
Roberto Comas	Yes, I understand, but right now we are keen to obtain some information on local retail figures, the competition, some data on the local population, available premises and so on.
Arturo Castro	That's no problem. We can provide you with what you request and much more. Are you likely to be creating any jobs through your new initiative?
Roberto Comas	I think it's inevitable that we will take on new staff, both in the factory and in the local shops. Do you happen to have a good contact at the Jobcentre?
Arturo Castro	Yes, of course. If you'd like to come through to my office, we'll have a coffee and get down to business on this one.

34 Kontakt mit Ämtern

(a) Termin bei der Handelskammer

Herr Körner Guten Tag! Gestatten Sie, Körner, von der Firma Greiff Textilien.

Frau Deinhard Angenehm, Deinhard. Meine Mitarbeiter sagten mir schon, Sie würden heute vormittag vorbeikommen. Was können wir für Sie tun?

Herr Körner Also, wir denken daran, unseren Geschäftsbereich zu erweitern und wollen uns dabei besonders auf den Markt für die Altersgruppe 30 bis 50 Jahre konzentrieren. Es wurde uns nahegelegt, mit Ihnen darüber zu sprechen, wo und wie sich Absatzmöglichkeiten für unsere Modewaren am besten einrichten ließen.

Frau Deinhard Nun, Herr Körner, ich hoffe, Sie werden Mitglied der Handelskammer, nachdem Sie sich hier bei uns in der Stadt etabliert haben, aber einstweilen geben wir Ihnen natürlich gerne unsere Unterstützung.

Herr Körner Ja, danke schön. Was für uns momentan besonders wichtig ist, sind Informationen über die hiesigen Verkaufsziffern, die Konkurrenz, Angaben über die Bevölkerung, verfügbare Geschäftslokale und so weiter.

Frau Deinhard Kein Problem. Können Sie alles gerne haben. Werden aufgrund Ihrer Initiative möglicherweise auch neue Arbeitsplätze geschaffen?

Herr Körner Ja, ich denke, daß wir sicher neue Mitarbeiter in der Fabrik und in den Geschäften hier einstellen werden. Haben Sie übrigens gute Kontakte zum Arbeitsamt?

Frau Deinhard Natürlich. Würden Sie jetzt bitte in mein Büro weiterkommen. Wir trinken eine Tasse Kaffee und machen uns dann an die Arbeit.

(b) Customs and Excise

Customs and Excise official	HM Customs.
Retailer	Hello, I have a query regarding the import of meat products. I wonder if you can help me.
Customs and Excise official	Certainly. Can you explain?
Retailer	We're a meat retailer based here in Dover, and we're intending to import a range of cooked meats and sausages from a German supplier. So far we've only been supplied by British companies. I need to know what the regulations are.
Customs and Excise official	It's rather difficult and complex to explain over the phone. There is a range of regulations and restrictions. They're contained in our information brochures. When are you intending to import?
Retailer	The first shipment is coming in a couple of weeks.
Customs and Excise official	Then you'd better move fast. I'll get the information off to you. The best thing is for you to read it and then come back to us with any queries.
Retailer	Fine. Let me give you my address.

(b) Anruf beim Zollamt

Beamter	Zollamt. Guten Tag.
Einzelhändler	Guten Tag. Ich habe eine Frage bezüglich der Einfuhr von Fleischwaren. Könnten Sie mir helfen?
Beamter	Gerne. Worum handelt es sich?
Einzelhändler	Wir sind ein Fleischgeschäft hier in Bremerhaven und beabsichtigen, Fleisch- und Wurstprodukte von einem englischen Lieferanten zu importieren. Da wir bis jetzt nur deutsche Lieferanten benützt haben, kenne ich die Einfuhrvorschriften nicht.
Beamter	Also, telefonisch ist das etwas schwierig zu erklären. Es gibt da eine ganze Reihe von Vorschriften und Beschränkungen, die Sie alle in unseren Informationsbroschüren finden. Für wann haben Sie die Einfuhr geplant?
Einzelhändler	Die erste Lieferung kommt in zwei Wochen.
Beamter	Dann bleibt Ihnen nicht mehr viel Zeit. Ich schicke Ihnen die Informationen sofort. Am besten, Sie lesen die zuerst und wenden sich dann an uns, wenn Sie noch Fragen haben.
Einzelhändler	Schön. Also hier ist meine Adresse.

35 Presenting company policy

(a) Location

Managing director As you know, it's the company's policy to set up new plants in areas which offer the most advantages. For this reason the liquid detergent plant here will close as soon as the new plant is operational in the south-east. There are both economic and social benefits in doing things this way.

Journalist What about the people currently working at the plant? What will happen to them? Will they be made redundant?

Managing director That's not the way we do things here. We'll look to natural wastage and early retirements throughout the company – nobody will be made redundant because of this. Clearly, some people will have to be redeployed and there may be possibilities at the new plant for some of the specialist technicians if they are willing to relocate.

Journalist How will you reorganize the remaining staff? Would they qualify for removal assistance if they agreed to move?

Managing director Clearly we would offer them a relocation package if they agreed to move; that's standard practice here.

35 Präsentation der Firmenpolitik

(a) Standort

Generaldirektor	Wie Sie wissen, ist es Firmenpolitik, neue Anlagen dort zu errichten, wo sich die größtmöglichen Vorteile bieten. Deshalb wird die Waschmittelfabrik hier geschlossen, sobald die neue Anlage im Südosten betriebsfähig ist. Wir profitieren dadurch sowohl wirtschaftlich als auch sozial.
Journalist	Aber die derzeitige Belegschaft! Was geschieht mit der? Werden die Arbeiter denn einfach entlassen?
Generaldirektor	Aber nein, das ist nicht unsere Art. Wir rechnen mit natürlicher Personalreduzierung und Frührenten im ganzen Unternehmen – niemand muß entlassen werden. Doch wir werden nicht umhin können, einige Mitarbeiter zu versetzen. Die neue Fabrik könnte Chancen für unsere technischen Fachleute bieten, aber nur wenn sie zu einem Umzug bereit sind.
Journalist	Und wie werden Sie die Restbelegschaft umstrukturieren? Gibt es auch für diese Mitarbeiter eine Unterstützung, wenn sie zu einer Versetzung einwilligen?
Generaldirektor	Natürlich würden wir ihnen in diesem Fall eine Umzugspauschale gewähren, wie das in unserer Firma üblich ist.

(b) Development

Personnel manager	So, as we have seen during the last half-hour, the prospects for the next few years are quite encouraging. We now need to consider precisely how we are going to develop policies to benefit the firm and its employees.
Managing director	Can I just add before you continue, Alan, that the Board will be taking very seriously whatever conclusions are drawn by this group today. So it is essential that people speak their mind.
Personnel manager	Thanks for confirming that, Victor. Frankly, recent EU legislation means that our profit margins can be increased as long as we take into account from the start matters like Health and Safety, employee compensation, maternity benefits, etc. These items, that normally and quite properly cost us a percentage of raw profits, can be reclaimed if fully documented.
Financial director	Well, that's good news as in the past we've never been able to prepare very well for this sort of cost to the company.
Personnel manager	I am proposing, therefore, that we create a small unit within the company to cover the full range of benefits that can accrue to us under the new provisions. In addition to this, we should be able to demonstrate to the workforce that by our observing these criteria they too will have an enhanced status. Before I continue with my next subject, are there any questions?
Sales manager	Alan, can anyone guarantee that our current level of sales is sustainable? What you are saying about the interests of the workforce and those of the company as a whole being convergent seems to me a rather optimistic interpretation.
Personnel manager	We've commissioned a report on this very question, so as long as everybody is prepared to wait for a week or two longer I should be able to give you an honest answer. Frankly, whatever the precise outcome of that report, we have to make plans for a future in which we balance the financial well-being of the firm with that of all the individuals who work in and for it.

(b) Gestaltung

Personalleiter   Also, wie wir in der letzten halben Stunde gesehen haben, sind die Aussichten für die nächsten Jahre recht günstig. Nun müssen wir uns genau überlegen; wie wir unsere Geschäftspolitik zum Vorteil des Unternehmens und der Arbeitnehmer gestalten werden.

Geschäftsleiter   Darf ich hier kurz einwerfen, daß der Vorstand dem Fazit unserer heutigen Besprechung große Bedeutung zumißt. Es ist daher wichtig, daß wir offen miteinander reden.

Personalleiter   Danke für Ihren Hinweis. Nun, aufgrund neuer EU Gesetzgebung können wir unsere Gewinnspannen dann vergrößern, wenn wir Belange wie Arbeitsschutz, Ausgleichszahlungen, Mutterschaftsgeld, usw von allem Anfang an in Betracht ziehen. Diese Ausgaben, die uns eigentlich immer einen Teil unseres Bruttogewinns kosten, sind bei Vorlage von Belegen rückzahlbar.

Finanzleiterin   Ja, das sind wirklich gute Nachrichten, denn früher hatten wir immer Planungsschwierigkeiten bei derartigen Kosten.

Personalleiter   Ich schlage daher vor, wir schaffen eine kleine Firmenabteilung, die sich mit allen Vergünstigungen befaßt, welche sich für uns durch die neuen Bestimmungen ergeben könnten. Dies dürfte außerdem den Abeitnehmern vor Augen führen, daß sich durch unsere Maßnahmen auch ihre Stellung im Unternehmen verbessern würde. Aber bevor ich zu meinem nächsten Thema übergehe, gibt es irgendwelche Fragen?

Verkaufsleiterin   Aber wer garantiert mir, daß unser derzeitiges Absatzniveau aufrechterhalten werden kann? Wenn Sie da die Interessen von Belegschaft und Unternehmen als im wesentlichen übereinstimmend sehen, so kommt mir das doch ziemlich optimistisch vor.

Personalleiter   Wir haben diesbezüglich ein Gutachten in Auftrag gegeben und wenn Sie sich noch eine oder zwei Wochen gedulden, kann ich Ihnen eine klare Antwort geben. Aber ehrlich gesagt, egal wie das Gutachten ausfällt, es liegt an uns, für eine Zukunft zu planen, in der solide Betriebsfinanzen durchaus vereinbar sind mit der Zufriedenheit jedes einzelnen Mitarbeiters.

(c) Staffing

Meeting between the personnel manager and a trade union representative

Personnel manager	I've called you in to tell you about our proposed staff changes.
TU representative	Yes, I know. I've heard that you're planning compulsory redundancies.
Personnel manager	No, that's not the case, but we do need to rationalize.
TU representative	Can you tell me why?
Personnel manager	Everyone knows why: production costs have been increasing because of outmoded plant. We've taken the decision to close one of our older plants.
TU representative	Has it been decided which one?
Personnel manager	We have a choice of either Sheffield or Gloucester. The precise figures are being worked out.
TU representative	And what happens to the workforce?
Personnel manager	We'll propose voluntary redundancies and early retirements. That should reduce the problem considerably.
TU representative	But not fully. You'll have to lay people off.
Personnel manager	We don't think so. The remaining staff can be relocated. We have other plants within 20 miles of both Sheffield and Gloucester. We're talking about streamlining production, not cutting it back.
TU representative	So what will be the total reduction in the workforce?
Personnel manager	In the region of 200 to 250.
TU representative	And when are the changes being made?
Personnel manager	We're hoping to have them complete by the end of January.
TU representative	Has it been discussed at board level yet?
Personnel manager	Of course – the board gave its approval last week. That's why we're moving on it now.

(c) Personal

Gespräch zwischen Personalleiter und Gewerkschaftsvertreter

Personalleiter	Ich habe Sie zu mir gebeten, um Sie über die beabsichtigten Änderungen in der Belegschaft in Kenntnis zu setzen.
Gewerkschaftsvertreter	Ja, ich weiß. Ich habe gehört, Sie planen zwangsweise Entlassungen.
Personalleiter	Nein, das ist nicht der Fall. Doch wir müssen rationalisieren.
Gewerkschaftsvertreter	Können Sie mir sagen, warum?
Personalleiter	Jeder weiß, warum. Wegen unserer veralteten Fabriksanlagen sind die Herstellungskosten ständig gestiegen. Wir haben daher beschlossen, eine unserer älteren Fabriken stillzulegen.
Gewerkschaftsvertreter	Hat man schon beschlossen, welche?
Personalleiter	Wir haben die Wahl zwischen Halle und Dresden. Wir arbeiten noch an den genauen Zahlen.
Gewerkschaftsvertreter	Und was geschieht mit der Belegschaft?
Personalleiter	Durch Vorruhestand und freiwilliges Ausscheiden aus dem Betrieb dürfte das eigentlich kein Problem sein.
Gewerkschaftsvertreter	Das meinen Sie. Sie werden aber doch Personal entlassen müssen.
Personalleiter	Das glauben wir nicht. Die restliche Belegschaft kann versetzt werden. Wir haben noch andere Werksanlagen in etwa 30 km Entfernung sowohl von Halle als auch von Dresden. Wir sprechen hier nicht von einer Verminderung der Produktion sondern von einer Rationalisierung.
Gewerkschaftsvertreter	Also, was ist dann die gesamte Kürzung im Belegschaftsbereich?
Personalleiter	So etwa 200 bis 250 Mitarbeiter.
Gewerkschaftsvertreter	Und wann sollen diese Änderungen vorgenommen werden?
Personalleiter	Wir hoffen, daß sie bis Ende Januar abgeschlossen sind.
Gewerkschaftsvertreter	Und wurde die Angelegenheit schon auf Vorstandsebene erörtert?
Personalleiter	Natürlich. Der Vorstand hat letzte Woche seine Zustimmung gegeben. Deshalb bringen wir die Sache in Gang.

(d) Sales

Chairman	I am pleased to open this first Board Meeting following our change of parent company. The first item on the agenda is sales policy. Over to you, Charles.
Charles	Thank you, Mr Chairman. I am instructed by the main board of our parent company to plan, with you, the introduction of a new sales policy.
Director 2	What view is taken of our existing policy? Too expensive?
Charles	In a nutshell, yes. The company's product lines are mostly good but the sales operation could be improved.
Director 2	I am not surprised. I have thought for some time that we have too large a sales force in too many regions.
Charles	That brings me to one of the proposals I have. To redraw the regions and slim down the workforce.
Director 2	By redundancy or natural wastage?
Charles	Probably a bit of both would be necessary. Also, some concern has been expressed about the size of the advertising budget.
Director 3	Hear, hear. For a company with good products we do a hell of a lot of advertising.
Charles	I gather it is proposed, subject to this board's approval, to appoint a top class Marketing Manager with the remit to review the whole operation.
Director 2	Is a system of dealerships on the cards?
Charles	Nothing is excluded based on the premise of a need to rationalize the sales operation.

(d) Verkaufsstrategie

Vorsitzender	Ich freue mich, die erste Vorstandssitzung seit der Übernahme durch unsere neue Muttergesellschaft zu eröffnen. Punkt eins der Tagesordnung betrifft Verkaufspolitik. Herr Dr. Müllner, bitte!
Herr Dr. Müllner	Danke. Der Hauptvorstand hat mich beauftragt, mit Ihnen gemeinsam die Einführung einer neuen Verkaufsstrategie zu planen.
2. Direktorin	Und wie steht man zu unserer jetzigen Strategie? Hält man die für zu kostspielig?
Herr Dr. Müllner	Schlicht gesagt, ja. Die Produktpalette der Firma ist im allgemeinen gut, aber der Verkauf könnte besser funktionieren.
2. Direktorin	Das wundert mich nicht. Ich habe schon längere Zeit den Eindruck, daß wir zu viel Verkaufspersonal und zu viele Verkaufsgebiete haben.
Herr Dr. Müllner	Und damit komme ich direkt zu einem meiner Vorschläge, nämlich Neuaufteilung der Verkaufsgebiete und Abspeckung in der Belegschaft.
2. Direktorin	Durch Entlassung oder natürliche Personalreduzierung?
Herr Dr. Müllner	Wahrscheinlich wird etwas von beidem nötig sein. Und die Höhe unseres Werbeetats hat auch Grund zur Besorgnis gegeben.
3. Direktorin	Sehr richtig! Für ein Unternehmen mit soliden Erzeugnissen machen wir verdammt viel Reklame.
Herr Dr. Müllner	Soviel ich weiß, ist beabsichtigt, im Einvernehmen mit uns einen Spitzenfachmann als Marketingmanager zur Überprüfung des ganzen Systems einzustellen.
2. Direktorin	Wird auch ein Verteilernetz ausgearbeitet?
Herr Dr. Müllner	Alles was zur Rationalisierung des Verkaufsbetriebs führen kann, wird in Betracht gezogen.

36 Visiting the bank manager

Bank manager	Good morning, Mr Ansell. I'm pleased to see you again.
Mr Ansell	Good morning, Mr Green. I have come to discuss our business plan with you. Our turnover has risen by 40 per cent for the last three years and our products have been selling really well. And so we'd like to open another shop in Loughborough.
Bank manager	Well, Mr Ansell, I have followed the success of your company. Our bank has been very happy to support its development. Your firm has always stayed within its overdraft limits. How might we help you now?
Mr Ansell	We're having to plough back most of our profits into the business in order to finance our growth. We've done market research in Loughborough and are convinced that it will be a success, what with Loughborough being a university town. What I've come to discuss with you is a loan to finance the lease of a shop and to buy start-up stock.
Bank manager	I'm sure the bank will be willing in principle to finance your business's future growth. If you send me your proposal for the shop in Loughborough, with details of the amount you wish to borrow, cash flow projections – you know, all the usual information – I will consider it as quickly as possible.
Mr Ansell	Thank you very much. I'll send you our proposal in the next few days.

36 Beim Bankfachmann

Banker Guten Tag, Herr Anders. Freut mich, Sie wieder einmal zu sehen.

Herr Anders Guten Tag, Herr Grüner. Ich möchte heute einen Plan unseres Unternehmens mit Ihnen besprechen. Der Umsatz ist bei uns seit den letzten drei Jahren um 40% gestiegen und unsere Waren verkaufen sich wirklich gut. Daher denken wir daran, einen anderen Laden in Bamberg zu eröffnen.[1]

Banker Ja, Herr Anders. Ich habe den Aufstieg Ihres Unternehmens mit Interesse verfolgt und unsere Bank hat Sie gerne dabei unterstützt. Ihre Kontoüberziehung ist immer in Grenzen geblieben. Was können wir jetzt für Sie tun?

Herr Anders Zur Finanzierung unserer Geschäftserweiterung sind wir gezwungen, einen Großteil unseres Gewinns zu reinvestieren. Marktforschung in Bamberg hat uns darin bestärkt, daß wir mit unserem Laden Erfolg haben würden, nicht zuletzt weil es sich um eine Universitätsstadt handelt. Was ich mit Ihnen besprechen möchte, ist ein Darlehen für die Miete von Geschäftsräumen und die anfängliche Erwerbung von Warenbestand.

Banker Die Bank ist im Prinzip sicher bereit, die weitere Vergrößerung Ihres Unternehmens zu finanzieren. Schicken Sie mir doch Ihre Vorschläge bezüglich des Ladens in Bamberg sowie Einzelheiten des Darlehens, Cash-flow-Prognose – Sie wissen schon, die üblichen Informationen – ich werde mich gleich damit befassen.

Herr Anders Vielen Dank. Ich schicke Ihnen alle Unterlagen in den nächsten Tagen.

1 *Eröffnen* means 'to open for the first time'. *Öffnen* is 'to open' daily/regularly.

37　Selling a service to a client

Teresa Allison	Good morning, Mr Tolson. I'm Teresa Allison from P and G Computer Maintenance Services. You answered one of our ads in the *Evening Mail*, so I have come to fill you in on what we have to offer small businesses.
Mr Tolson	Ah yes, thank you for coming so soon. As you can see, we recently purchased a computer system to maximize our efficiency in dealing with orders.
Teresa Allison	I assume that you have an initial service contract on the machines, but once that runs out you would be best advised to take out a plan like ours. We can provide a 24-hour breakdown cover, three-monthly servicing, immediate replacement of faulty equipment, regular updating of your software and a free consultancy service for the duration of the contract.
Mr Tolson	It sounds a good deal, but what are the conditions of payment? Is it possible to pay monthly via a standing order or does it have to be a lump sum?
Teresa Allison	You can pay either way, as long as your bank can guarantee that your account will bear it. Let me leave you some brochures to read at your leisure; you'll be able to compare our prices and conditions with others, though I can assure you that it's the most favourable deal available at present.
Mr Tolson	OK, fair enough. Can you give me a ring in about a week and I'll let you know what I think?
Teresa Allison	I certainly will. Give me your number and I'll be in touch early next week.

37 Dienstleistungsangebot

Frau Amberg   Grüß Gott, Herr Tölz. Mein Name ist Gerda Amberg von der Firma P & G Computer Service. Nachdem Sie uns aufgrund unserer Anzeige in der Tagespost kontaktiert haben, möchte ich Ihnen noch mehr über unser Serviceangebot für Kleinbetriebe erzählen.

Herr Tölz   Ach ja. Danke, daß Sie so bald gekommen sind. Wie Sie sehen, haben wir uns vor nicht sehr langer Zeit ein Computersystem angeschafft, um unsere Auftragserledigung so weit wie möglich zu rationalisieren.

Frau Amberg   Ich nehme an, Sie haben für die erste Zeit einen Sevicevertrag für die Geräte, aber wenn der ausläuft, wäre es am besten, einen Plan wie unseren zu verwenden. Wir bieten Ihnen 24 Stunden Service bei Computerversagen, Wartung alle drei Monate, sofortigen Ersatz fehlerhafter Geräte. Wir bringen Ihre Software auf den neuesten Stand der Dinge und beraten Sie[1] kostenlos für die Dauer des Vertrags.

Herr Tölz   Scheint mir ein gutes Angebot. Wie sind Ihre Zahlungsbedingungen? Ist es möglich, per Dauerauftrag monatlich zu bezahlen oder muß es pauschal sein?

Frau Amberg   Wie Sie wollen. Solange Ihre Bank Ihre Zahlungsfähigkeit garantiert. Ich lasse Ihnen ein paar Broschüren hier. Lesen Sie sie in Ruhe durch! Sie können dann unsere Preise und Bedingungen vergleichen, aber ich kann Ihnen versichern, daß unser Angebot das zur Zeit günstigste ist.

Herr Tölz   Na, schön! Können Sie mich vielleicht in einer Woche anrufen? Dann sage ich Ihnen Bescheid.

Frau Amberg   Gerne. Geben Sie mir bitte Ihre Nummer und ich melde mich Anfang nächster Woche.

---

1   *Beraten* takes the accusative. *Raten* would take the dative (*ich rate Ihnen* . . .).

38 Selling a product to a client

Salesman   This motor is very good value, sir, if you prefer not to buy new.

Customer   It certainly looks to be in immaculate condition. About two years old is it?

Salesman   Eighteen months. It only has 6,000 miles on the clock.

Customer   That's unusual, isn't it? Who was the previous owner?

Salesman   It's been a demonstration model. That explains the complete lack of any dents and no rust of course.

Customer   What sort of discount could I have or can you offer a hire purchase deal?

Salesman   We are offering a 5 per cent discount off the list price and you could repay over one or two years.

Customer   That sounds quite interesting. And you would offer me the trade-in price for my present car that we discussed earlier?

Salesman   Yes indeed, sir. Would you like to go for a test drive?

38 Verkaufsgespräch

Verkäufer	Dieser Wagen ist sehr preiswert, wenn Sie keinen neuen kaufen wollen.
Kunde	Ja, der scheint wirklich in tadellosem Zustand zu sein. Wie alt ist er eigentlich?
Verkäufer	Achtzehn Monate. Und er hat nur neuntausend Kilometer auf dem Tacho.
Kunde	Das ist aber ungewöhnlich, nicht? Wem hat das Auto vorher gehört?
Verkäufer	Es war ein Vorführwagen. Deshalb ist es überhaupt nicht verbeult oder verrostet.
Kunde	Kriege[1] ich einen Rabatt oder kann ich den Wagen auf Raten kaufen?
Verkäufer	Wir bieten Ihnen 5% vom Listenpreis und Sie können in ein bis zwei Jahren abzahlen.
Kunde	Das klingt ja sehr interessant. Und – wie besprochen – bleibt es bei Ihrem Angebot, mir meinen Wagen zu einem guten Preis abzunehmen?
Verkäufer	Selbstverständlich. Möchten Sie eine Probefahrt machen?

1 Very colloquial. Less colloquial would be *bekomme ich.*

39 Giving an informal vote of thanks

Speaker   Ladies and gentlemen, I'd like to take this opportunity of thanking
Leonard White and his colleagues for arranging the seminar over
the last few days. I'm sure we've all found it most interesting and
stimulating, and we all have good ideas to take back with us.

   I'd like to thank them for their hospitality over the last two
evenings, and I'm sure I speak for all of us when I say that the
seminar has been a great success.

   As you all know, we intend to hold a similar seminar next year at
our headquarters, and that will give us the opportunity to return the
hospitality. Thanks again, Leonard and colleagues, for a most
successful event.

39 Inoffizielle Dankadresse

Rednerin Meine Damen und Herren! Ich möchte hier die Gelegenheit ergreifen, Herrn Weiß und seinen Kollegen für die Veranstaltung des Seminars zu danken. Die vergangenen Tage waren für uns sehr interessant und anregend und ich bin sicher, daß wir alle gute Ideen mit nach Hause nehmen.

Ich möchte unseren Veranstaltern auch herzlich für ihre Gastlichkeit an den beiden Abenden danken, und ich spreche bestimmt im Namen aller, wenn ich sage: Das Seminar war ein großer Erfolg.

Wie Sie wissen, wollen wir eine ähnliche Veranstaltung im nächsten Jahr bei uns abhalten und dabei Gelegenheit haben, Ihre Gastfreundschaft zu erwidern. Nochmals vielen Dank für das erfolgreiche Seminar.

40 Discussing contracts

(a) Sales conditions

Client   I'm pleased to inform you that we are prepared to include your company as one of our suppliers. Before we sign an agreement, we need to agree on terms and conditions.

Supplier   We're delighted. What in particular do we need to agree?

Client   Firstly, our terms of payment are 20 per cent on receipt of the goods and the remainder within 90 days.

Supplier   We normally expect to be paid in full within 60 days, but if we can have a two-year agreement, we could accept 90 days.

Client   Fine. We also want a 10 per cent discount for orders of over 5,000 parts. Deliveries must also be made by the specified date, with penalties for late delivery. I think you've been given some details.

Supplier   Yes, and I can assure you that we are accustomed to just-in-time delivery. I'm sure that you know already that we offer good service at a good price. We're ready to sign.

Client   That's good. I have the agreement here.

40 Verträge besprechen

(a) Verkaufsbedingungen

Kunde   Ich freue mich, Ihnen sagen zu können, daß wir bereit sind, Ihre Firma zu unseren Lieferanten zu zählen. Aber bevor wir den Vertrag unterschreiben, müssen wir uns noch über die Konditionen[1] einig werden.

Lieferant   Ausgezeichnet. Worum handelt es sich?

Kunde   Also zuerst einmal unsere Zahlungsbedingungen. Wir zahlen 20% bei Erhalt der Waren und den Rest innnerhalb von 90 Tagen.

Lieferant   Nun, normalerweise geben wir eine Zahlungsfrist von 60 Tagen, aber bei einem Zweijahresvertrag mit Ihnen akzeptieren wir 90 Tage.

Kunde   Gut. Und dann möchten wir auch 10% Rabatt bei Aufträgen von über 5 000 Bestandteilen. Die Lieferungen müßten zum gegebenen Termin stattfinden und Lieferverzögerungen gehen zu Ihren Lasten. Ich glaube, Sie haben schon diesbezügliche Einzelheiten erhalten.

Lieferant   Ja, ich kann Sie beruhigen. Wir sind gewöhnt, pünktlich zu liefern. Wie Sie sicher bereits wissen, ist unser Leistungsangebot äußerst günstig. Wir sind bereit zu unterschreiben.

Kunde   Prima. Hier ist der Vertrag.

1   Alternative: *Bedingungen*.

(b) Payment conditions

Client When is the last payment of the instalments on the new equipment due?

Supplier There are several plans under which you have maximum flexibility of conditions. Obviously, you can pay the full amount in a one-off sum, which would mean a substantial saving overall as interest costs are always high in the transport sector.

Client Suppose I could pay you 50 per cent of the total cost now, what sort of arrangements would best suit us both for the other half over a couple of years?

Supplier That would depend on how we structure our own borrowing requirement, but in principle there is no reason why payments cannot be adjusted exactly to suit your circumstances.

Client Fine. Give me a few days to discuss this with my accountant. If the bank is willing to lend me more than I had first thought, it may be possible for me to buy outright.

Supplier Why not? With general interest rates as they are it could be worth risking a big outlay. Remember: either way we can help, as our own finances are secured by the parent company.

Client That's reassuring to know. I'll come back to you ASAP.

(b) Bedingungen für einen Kauf auf Abzahlung

Kunde	Wann ist die letzte Rate für das neue Gerät fällig?
Lieferant	Es stehen Ihnen verschiedene Zahlungsmöglichkeiten offen und alle zu höchst flexiblen Bedingungen. Natürlich können Sie auch den Gesamtbetrag mit einer einmaligen Zahlung begleichen. Ihre Ersparnisse wären dabei beträchtlich, denn die Zinskosten sind im Transportsektor immer hoch.
Kunde	Angenommen, ich zahle jetzt die Hälfte der Gesamtkosten, welche beiderseits akzeptable Vereinbarung könnten wir für die Abzahlung der zweiten Hälfte innerhalb von zwei Jahren treffen?
Lieferant	Das würde von unserem eigenen Kreditbedarf abhängen, aber prinzipiell sehe ich keinen Grund, warum die Ratenzahlung nicht Ihren Verhältnissen angepaßt werden könnte.
Kunde	Schön. Geben Sie mir ein paar Tage, damit ich die Sache mit meinem Steuerberater besprechen kann. Wenn die Bank zu einem höheren Darlehen als ursprünglich angenommen bereit ist, dann kann ich eventuell den ganzen Preis sofort bezahlen.
Lieferant	Warum nicht? Beim derzeitigen Zinssatz lohnen sich große Ausgaben. Aber denken Sie daran, wir können Ihnen auf alle Fälle behilflich sein, denn unsere eigenen Finanzen sind durch unsere Muttergesellschaft gesichert.
Kunde	Das ist beruhigend zu wissen. Ich gebe Ihnen also so bald wie möglich Bescheid.

(c) Breach of contract

Client	Well, here we have the order contract that you wanted to discuss.
Supplier	Yes, thanks. The paragraph I wanted to look at was this one, 9b.
Client	Is there a problem?
Supplier	It says here that unless we deliver within three days of the date indicated, we are in breach of contract and the order can be cancelled.
Client	That's part of our normal contract. Would you have a problem with that?
Supplier	I find it a bit unusual.
Client	We've had to introduce it, because in the past we had lots of problems with suppliers missing the delivery dates by weeks. We lost a lot of customers because of that. Since we introduced the modified contract we've had far fewer problems with delay.
Supplier	But is it possible to vary it a little?
Client	In what way?
Supplier	Well, I find three days very restrictive. We'd be much happier with one week.
Client	I'm sure you would! Any particular reason? Have you had difficulties meeting dates in the past?
Supplier	Only rarely, but it does happen. And it's usually because a supplier has let us down. I'd like to modify that paragraph a bit, to give us a little more time.
Client	Let me check it out with our manager. I'll get back to you in the next 24 hours.
Supplier	Thanks.

(c) Nichteinhaltung eines Vertrags

Kunde	Also, hier ist der Liefervertrag, den Sie besprechen wollen.
Lieferant	Ja, danke. Ich möchte besonders Klausel 9b ins Auge fassen.
Kunde	Gibt es ein Problem damit?
Lieferant	Ja, hier wird angedeutet, daß wir uns eines Vertragsbruches schuldig[1] machen, wenn wir den Liefertermin um mehr als drei Tage überschreiten, und daß dann der Auftrag storniert werden kann.
Kunde	So steht es normalerweise in unseren Verträgen. Hätten Sie damit Schwierigkeiten?
Lieferant	Ich finde das etwas ungewöhnlich.
Kunde	Wir waren zur Einführung der Klausel gezwungen, da wir früher ziemliche Sorgen mit Lieferanten hatten, die ihre Termine um Wochen überschritten. Wir haben dadurch manche Kunden verloren. Seit der Vertragsänderung haben wir kaum Probleme mit Lieferverzögerungen.
Lieferant	Aber können Sie nicht vielleicht doch eine kleine Änderung machen?
Kunde	Inwiefern?
Lieferant	Also, ich finde drei Tage etwas knapp. Eine Woche würde uns besser zusagen.
Kunde	Sicher. Aber warum? Fanden Sie es früher schwierig, Termine einzuhalten?
Lieferant	Nur selten, aber es kann passieren. Und meistens, weil uns ein Lieferant im Stich gelassen hat. Ich wäre sehr für eine Änderung der Klausel. Das würde uns etwas mehr Zeit geben.
Kunde	Kann ich das mit unserem Geschäftsleiter besprechen? Sie erhalten dann in den nächsten 24 Stunden von mir Bescheid.
Lieferant	Danke schön.

1 Note the cases here. *sich einer Sache* (genitive) *schuldig machen*.

41 Meeting a visitor at the airport

John Andrew	Messrs Martin and Bertot from Toulouse?
M. Martin	Are you Mr Andrew from Perkins Industrial?
John Andrew	Yes, that's me. I am glad to hear that you speak English, I was trying to remember my schoolboy French on the way to the airport.
M. Martin	My colleague Bertot cannot speak English I am afraid, so you may need some of your schoolboy French, or perhaps an interpreter, when we come to discuss the contract.
John Andrew	Right, I'll see to it. Are these your bags? My car is just outside. Did you have a good journey?
M. Martin	Fairly good. For some reason our plane from Toulouse to Paris was delayed so we nearly missed the Paris–Birmingham flight.
John Andrew	I am sure our Chairman will be pleased that you made it. We have high hopes for our proposed deal. Would you like to have a coffee before we set off?
M. Martin	No, don't worry, we had an excellent breakfast during the flight.
John Andrew	Before we get back to talking shop can I just ask you what time you need to check in for this evening's return flight?

41 Einen Besucher vom Flughafen abholen

Herr Anderbach	Herr Martin und Herr Bertot aus Toulouse?
Herr Martin	Sind Sie Herr Anderbach von der Firma DAMO?
Herr Anderbach	Ja, bin ich. Ich bin froh, daß Sie deutsch sprechen. Auf dem Weg zum Flughafen habe ich mich bemüht, mich an mein Schulfranzösisch zu erinnern.
Herr Martin	Mein Kollege Bertot spricht leider kein Deutsch, also werden wir Ihr Schulfranzösisch manchmal brauchen. Oder vielleicht einen Dolmetscher, wenn wir über den Vertrag verhandeln.
Herr Anderbach	Gut. Wird gemacht. Ist das Ihr Gepäck? Mein Wagen steht gleich da draußen. Hatten Sie einen guten Flug?
Herr Martin	Ja, es geht. Aus irgendwelchen Gründen hatten wir mit dem Flug von Toulouse nach Paris Verspätung und hätten fast den Flug von Paris nach München verpaßt.
Herr Anderbach	Unser Generaldirektor wird sich freuen, daß Sie es geschafft haben. Wir erwarten uns sehr viel von unserem Geschäftsvorschlag. Möchten Sie einen Kaffee bevor wir fahren?
Herr Martin	Nein, danke. Das ist nicht nötig. Das Frühstück während des Fluges war ausgezeichnet.
Herr Anderbach	Und dann frage ich Sie besser gleich jetzt, bevor wir über die Arbeit sprechen, wann Sie heute abend zur Abfertigung für Ihren Rückflug müssen.